わが「共戦の友」

各部の皆さんに贈る

池田大作

目次

装幀　中山聖雨

一、本書は、「大白蓮華」に掲載された「世界を照らす太陽の仏法」（二〇一九年二月号～四月号、同年六月号～八月号）を、著者の了解を得て『わが「共戦の友」　各部の皆さんに贈る』として収録した。

一、御書の御文は、『新編　日蓮大聖人御書全集』（創価学会版、第二七五刷）に基づき（御書〇〇ページ）で示した。

一、法華経の経文は、『妙法蓮華経並開結』（創価学会版、第二刷）に基づき（法華経〇〇ページ）と示した。

一、引用文のなかで、旧字体を新字体に、旧仮名遣いを現代仮名遣いに改めたものもある。また、句読点を補ったものもある。

一、肩書、名称、時節等については、掲載時のままにした。

一、説明が必要と思われる語句には、（注〇）を付け、編末に［注解］を設けた。

——編集部

希望《きぼう》の太陽――「女性《じょせい》の世紀《せいき》」を照《て》らす主役《しゅやく》へ

恩師《おんし》・戸田城聖《じょうせい》先生は私に語《かた》られました。

「学会をつくってくれたのは、庶民《しょみん》の婦人部である。それを忘《わす》れてはならない。婦人部が一番、大事《だいじ》だ。大作よ、この一番、尊《とうと》い方々《かたがた》を、讃《たた》え、護《まも》ってくれ給《たま》え!」と。

時《とき》には寒風《かんぷう》の中、そして、時《とき》には猛暑《もうしょ》の中、一年を通《とお》して尊《とうと》き「無冠《むかん》の友《とも》」の皆《みな》さま方《がた》が聖教新聞を配達《はいたつ》してくださる姿《すがた》を思《おも》い浮《う》かべるたびに、私の胸《むね》は熱《あつ》くなります。一人一人へ深《ふか》く感謝《かんしゃ》し、健康《けんこう》と絶対無事故《ぜったいむじこ》を真剣《しんけん》に祈念《きねん》し、日々、お題目を送《おく》っています。

とりわけ婦人部の方々《かたがた》の大奮闘《だいふんとう》に、心からの敬意《けいい》を表《ひょう》したい。

「二月闘争《とうそう》」における三つの取《と》り組《く》み

一九五二年（昭和二十七年）、あの蒲田支部《かまたしぶ》の「二月闘争《とうそう》」でも、私と心を同《おな》じくして立ち上がってくれたのは、婦人部をはじめとする無名《むめい》の庶民《しょみん》であり、青年でした。

二十四歳《さい》の私は、特《とく》に次《つぎ》の三点《てん》を訴《うった》えました。

第一に、祈《いの》りから始《はじ》めること。

第二に、地域《ちいき》と社会《しゃかい》を大切《たいせつ》にすること。

そして第三に、体験《たいけん》を生き生きと語《かた》っていくことです。

一カ月で二百一世帯《せたい》の弘教拡大《ぐきょうかくだい》は、当時《とうじ》の壁《かべ》を破《やぶ》った金字塔《きんじとう》でした。ここから、恩師《おんし》の願業《がんぎょう》である七十五万世帯《せたい》の達成《たっせい》へ、突破口《とっぱこう》が開《ひら》かれました。さらには、この大闘争《だいとうそう》から今日《こんにち》の地球規模《ちきゅうきぼ》の広宣流布が開幕《かいまく》したともいえるのです。

世界広布のリーダーとして活躍《かつやく》

最後《さいご》の二百一世帯目《せたいめ》の弘教《ぐきょう》の報告《ほうこく》を届《とど》けてくれたのも、健気《けなげ》な一人の婦人でした。

この時《とき》入会した方《かた》のお子さんやお孫《まご》さん方《がた》が今、日本と世界の広布のリーダーとして活躍《かつやく》している晴《は》れ姿《すがた》も、うれしい限《かぎ》りです。

「実践《じっせん》の五指針《ししん》」に前進《ぜんしん》の要諦《ようてい》

二〇〇九年三月、私は「婦人部　実践《じっせん》の五指針《ししん》」を贈《おく》りました。

「絶対勝利《ぜったいしょうり》の婦人部」

一、祈《いの》りからすべては始《はじ》まる

一、わが家《や》は和楽《わらく》の前進《ぜんしん》
一、後継《こうけい》の人材《じんざい》を伸《の》ばす
一、地域《ちいき》と社会《しゃかい》を大切《たいせつ》に
一、生き生きと体験《たいけん》を語《かた》る

ここには、「二月闘争《とうそう》」で示《しめ》した広布前進《ぜんしん》の要諦《ようてい》が全《すべ》て含《ふく》まれています。この五指針《ししん》を確認《かくにん》し合《あ》いながら、全世界《ぜんせかい》の婦人部の皆《みな》さんが、「和楽《わらく》」と「育成《いくせい》」と「貢献《こうけん》」のスクラムを広《ひろ》げてくれています。

本書《ほんしょ》では、わが「共戦《きょうせん》の友《とも》」である各部《かくぶ》の皆《みな》さんと一緒《いっしょ》に御聖訓《ごせいくん》を拝《はい》していきたい。

初《はじ》めは、婦人部の皆《みな》さんを代表《だいひょう》として、新時代《しんじだい》の広布への実践《じっせん》の指針《ししん》を再確認《さいかくにん》していきましょう。

祈《き》禱《とう》抄《しょう》

御文

（御書一三五一ページ十八行目〜一三五二ページ一行目）

大地《だいち》はささばはづ《外》るるとも虚空《おおぞら》をつなぐ者《もの》はありとも・潮《しお》のみち《満》ひ《干》ぬ事《こと》はありとも日《ひ》は西《にし》より出《い》づるとも・法華経《ほけきょう》の行《ぎょう》者《じゃ》の祈《いの》りのかな《叶》はぬ事《こと》はあるべからず

現代語訳

大地《だいち》をさして外《はず》れることがあっても、大空をつなぐ者《もの》があっても、潮《しお》の満《み》ち干《ひ》がなくなっても、太陽が西《にし》から昇《のぼ》ることがあっても、法華経の行者《ぎょうじゃ》の祈《いの》りの叶《かな》わないことは絶対《ぜったい》にない。

すべては「誓願《せいがん》の祈《いの》り」から

最初《さいしょ》に拝《はい》する御書は、「法華経の行者《ぎょうじゃ》の祈《いの》りは必《かなら》ず叶《かな》う」ことを教《おし》えられた「祈禱抄《きとうしょう》」〈注1〉の一節《いっせつ》です。

「実践《じっせん》の五指針《ししん》」の第一は、「祈《いの》りからすべては始《はじ》まる」です。

妙法の祈《いの》りとは、「誓願《せいがん》」です。最《もっと》も強靭《きょうじん》な精神《せいしん》の力《ちから》です。

祈《いの》りが心に満《み》ち満《み》ちているところ、いかなる臆病《おくびょう》も、あきらめも、弱音《よわね》も、入《はい》り込《こ》む隙《すき》などありません。

祈《いの》りとは、「必《かなら》ず成《な》し遂《と》げる！」という信念《しんねん》です。

「絶対《ぜったい》に負《ま》けない！」という確信《かくしん》です。

自分《じぶん》には無理《むり》だという不信《ふしん》の壁《かべ》を打《う》ち破《やぶ》り、「断《だん》じて戦《たたか》い勝《か》つ！」という究《きゅう》極《きょく》の勇気《ゆうき》なのです。

「法華経の行者《ぎょうじゃ》」を守護《しゅご》すると約束《やくそく》

御文《ごもん》では、「大地《だいち》をさして外《はず》れる」「大空《おおぞら》をつなぐ」「潮《しお》の満《み》ち干《ひ》がなくなる」「太陽が西《にし》から昇《のぼ》る」という、およそ現実《げんじつ》にはあり得《え》ない現象《げんしょう》が起《お》こったとしても、「法華経の行者《ぎょうじゃ》」の祈《いの》りが叶《かな》わないことは絶対《ぜったい》にないと教《おし》えられています。

では、なぜ、「法華経の行者《ぎょうじゃ》」の祈《いの》りが叶《かな》うのか？

日蓮大聖人は本抄《ほんしょう》で、その理由《りゆう》を、法華経に則《そく》して述《の》べられています。

釈尊《しゃくそん》が法華経を説《と》いたことで初《はじ》めて、あらゆる菩薩《ぼさつ》、二乗《にじょう》、人界《にんかい》・天界等《てんかいとう》の衆生《しゅじょう》の真《しん》の成仏《じょうぶつ》の道《みち》が開《ひら》かれました。

だからこそ、法華経に恩《おん》ある衆生《しゅじょう》は、その大恩《だいおん》に報《むく》いようと、法華経の説法《せっぽう》の会座《えざ》で「法華経の行者《ぎょうじゃ》を見捨《みす》てない」「法華経の行者が苦《くる》しんでいたら身代《みが》わりになろう」等《とう》の誓願《せいがん》を立てます。

さらに彼らは、釈尊《しゃくそん》が亡《な》くなる際《さい》には、「仏《ほとけ》の恩《おん》に報《むく》いるために『法華経の敵《かたき》』を打《う》ち倒《たお》そう。身命《しんみょう》を惜《お》しまずに戦《たたか》おう」等《とう》と、仏《ほとけ》の前《まえ》で誓《ちか》いを述《の》べます。

すなわち、菩薩《ぼさつ》も二乗《にじょう》も、人界《にんかい》・天界《てんかい》の衆生《しゅじょう》も皆《みな》、「法華経の行者《ぎょうじゃ》」を、どこまでも守護《しゅご》すると誓願《せいがん》を立てているのです。

なればこそ、大聖人は、広宣流布の誓願《せいがん》を貫《つらぬ》く法華経の行者《ぎょうじゃ》の祈《いの》りが叶《かな》わないことは絶対《ぜったい》にないと、断言《だんげん》されているのです。

諸天《しょてん》を揺《ゆ》り動《うご》かす「強盛《ごうじょう》な祈《いの》り」

そこで、私たちにとって大切《たいせつ》になるのは、〝わが誓願《せいがん》を必《かなら》ず成就《じょうじゅ》させよ〟と、諸天善神《しょてんぜんじん》を揺《ゆ》り動《うご》かす思《おも》いで、強盛《ごうじょう》に祈《いの》る姿勢《しせい》です。自分自身《じぶんじしん》の誓願《せいがん》の堅《けん》固《ご》な一念《いちねん》が、諸天善神《しょてんぜんじん》の誓願《せいがん》の働《はたら》きを呼《よ》び起《お》こすのです。

「必《かなら》ず心の固《かた》きに仮《よ》りて神《かみ》の守《まも》り則《すなわ》ち強《つよ》し」（御書一二二〇ジペー等）です。これは、牧口常三郎《つねさぶろう》先生も大切《たいせつ》に拝《はい》されていた御文《ごもん》です。

他《ほか》の御書でも、「御《おん》いのりの叶《かな》い候《そうら》はざらんは弓《ゆみ》のつよ《強》くしてつる《絃》よはく・太刀《たち》つるぎ《剣》にて・つかう人《ひと》の臆病《おくびょう》なるやうにて候《そうろう》べし、あへて法華経の御《おん》とがにては候《そうろう》べからず」（一一三八㌻）等《とう》と仰《おお》せです。大聖人は一貫《いっかん》して、願《ねが》いを叶《かな》えていくためには強盛《ごうじょう》な信心こそ肝要《かんよう》となることを強調《きょうちょう》されています。

何《なに》よりも、大聖人御自身《ごじしん》が、「竜《たつ》の口《くち》の法難《ほうなん》」の折《おり》、処刑《しょけい》の場《ば》に向《む》かう途中《とちゅう》で、法華経の行者《ぎょうじゃ》を守護《しゅご》すべき八幡大菩薩《はちまんだいぼさつ》に向《む》かって〝なぜ、法華経の行者《ぎょうじゃ》を守護《しゅご》すると誓《ちか》った約束《やくそく》を果《は》たさないのか〟と叱咤《しった》し、諸天《しょてん》を諫暁《かんぎょう》されました（御書九一二～九一三㌻）。

究極《きゅうきょく》は、諸天《しょてん》に〝お願《ねが》い〟するものではなく、妙法の当体《とうたい》である自分自身《じぶんじしん》の諸天《しょてん》を〝揺《ゆ》り動《うご》かす〟信心こそが根幹《こんかん》なのです。

「一身一念法界《いっしんいちねんほうかい》に遍《あまね》し」（御書二四七㌻等）とある如《ごと》く、わが一念《いちねん》が三千法界《さんぜんほうかい》に広《ひろ》がるのです。いわば、悪鬼《あっき》や魔民《まみん》も含《ふく》めて全宇宙《ぜんうちゅう》が味方《みかた》となる。これが、妙法の無窮《むきゅう》なる力用《りきゆう》なのです。

南無妙法蓮華経は、根源《こんげん》の大法《だいほう》

大宇宙《だいうちゅう》は、瞬時《しゅんじ》もとどまりません。常《つね》に動《うご》き続《つづ》けている。その究極《きゅうきょく》の法則《ほうそく》こそ、法華経の真髄《しんずい》である南無妙法蓮華経です。「当《まさ》に知《し》るべし日月天《にちがってん》の四天下《してんげ》をめぐり給《たも》うは仏法《ぶっぽう》の力《ちから》なり」（御書一一四六ジペー）です。妙法は、万物《ばんぶつ》を成《な》り立《た》たせている根源《こんげん》の大法《だいほう》なのです。

題目を唱《とな》え、妙法に生き抜《ぬ》いた時に、大宇宙《だいうちゅう》の妙《たえ》なる旋律《せんりつ》と自身《じしん》の生命《せいめい》が合《がっ》致《ち》していく。祈《いの》りは、大宇宙《だいうちゅう》と、わが小宇宙《しょううちゅう》との交流《こうりゅう》です。妙法の祈《いの》りによって、私たちは、宇宙《うちゅう》の最極《さいごく》の「力《ちから》」と「智慧《ちえ》」と「慈悲《じひ》」の生命《せいめい》をわが身《み》に顕《けん》現《げん》することができるのです。

だからこそ常《つね》に大聖人が教《おし》えられているのは、弟子《でし》の側《がわ》である私たちの祈《いの》りの姿勢《しせい》です。願《ねが》いを成就《じょうじゅ》していくうえで心すべきことは、祈《いの》りが叶《かな》うまで何度《なんど》でも「勇気《ゆうき》」を奮《ふる》い起《お》こして、信心を貫《つらぬ》き通《とお》していくことです。

広布の活動《かつどう》に宿命転換《しゅくめいてんかん》をかける

一番の根本《こんぽん》は、「広宣流布の信心」であるかどうかです。妙法には、人々の幸福《こうふく》をどこまでも願《ねが》う仏《ほとけ》の心が込《こ》められています。ゆえに、広布のために真剣《しんけん》に祈《いの》り、一つ一つの学会活動《かつどう》に励《はげ》んでこそ、自身《じしん》の祈《いの》りも叶《かな》っていくのです。

わが人間革命の実践《じっせん》を「自転《じてん》」とするならば、広宣流布の前進《ぜんしん》は「公転《こうてん》」です。すなわち、自身《じしん》の抱《かか》える悩《なや》みの克服《こくふく》など、個人《こじん》の幸福《こうふく》は「自転《じてん》」であり、社会《しゃかい》の繁栄《はんえい》は「公転《こうてん》」です。

「自転《じてん》」も「公転《こうてん》」も、共《とも》に成就《じょうじゅ》するための仏法です。私たちの日々の広宣流布の行動《こうどう》は、法《ほう》のため、社会《しゃかい》のため、人々《ひとびと》のためであるとともに、それは全《すべ》て、自己自身《じこじしん》の崩《くず》れぬ幸福《こうふく》を勝《か》ち取《と》り、築《きず》くためなのです。

戸田先生は語《かた》られました。

「信心をすれば、苦《くる》しい時期《じき》が短《みじか》くなり、苦《くる》しみ自体《じたい》が、だんだんと浅《あさ》くなる。そして、最後《さいご》にぷつりと苦《くる》しみが断《た》ち切《き》れる。そのために、うんと、広宣流布のため戦《たたか》って幸《しあわ》せになりなさい」

「泥沼《どろぬま》が深《ふか》ければ深《ふか》いほど、大きな美《うつく》しい花が咲《さ》く。人間もそうだよ。苦労《くろう》が多《おお》ければ多《おお》いほど、幸福《こうふく》の大きな美《うつく》しい花が咲《さ》くのだ」

「如蓮華在水《にょれんげざいすい》」の不退《ふたい》の祈《いの》り

大聖人の仰《おお》せのままに、どんな悪口罵詈《あっくめり》にも、どんな三障四魔《さんしょうしま》〈注2〉の試練《しれん》にも負《ま》けずに広布に生き切ってこられたのが、婦人部の皆《みな》さんです。その姿《すがた》こそ、「如蓮華在水《にょれんげざいすい》」〈注3〉の尊貴《そんき》な法華経の行者《ぎょうじゃ》です。決《けっ》してあきらめない婦人部の「不退《ふたい》の祈《いの》り」ほど強《つよ》いものはありません。

大聖人は「わざはひ《禍》も転《てん》じて幸《さいわい》となるべし、あひかまへて御信心《ごしんじん》を出《いだ》し此《こ》の御本尊に祈念《きねん》せしめ給《たま》へ、何事《なにごと》か成就《じょうじゅ》せざるべき」（御書一一二四ページ）とも仰《おお》せです。

一人の女性《じょせい》が祈《いの》りを根本《こんぽん》に「人間革命」することで、一家《いっか》も、一族《いちぞく》も、そして地域《ちいき》も、社会《しゃかい》をも照《て》らす「希望《きぼう》の太陽」となっていくのです。

高橋殿御返事《たかはしどのごへんじ》

御文

（御書一四六七ジペー五行目）

其《そ》の国《くに》の仏法《ぶっぽう》は貴辺《きへん》にまかせたてまつり候《そうろう》ぞ、仏種《ぶっしゅ》は縁《えん》に従《よ》って起《おこ》る是《こ》の故《ゆえ》に一乗《いちじょう》を説《と》くなるべし

任

現代語訳

その国《くに》の仏法流布《るふ》は、あなたにお任《まか》せいたします。

仏種《ぶっしゅ》は縁《えん》によって起《お》こる。その故《ゆえ》に一乗《いちじょう》（法華経）を説《と》くのである。

〝今いる場所《ばしょ》〟こそ広布の本舞台《ほんぶたい》

この「高橋殿御返事《たかはしどのごへんじ》」〈注4〉で示《しめ》される「其《そ》の国」の「国」とは、門下《もんか》の住《す》む地域一帯《ちいきいったい》のことです。また、現代《げんだい》でいえば、自身が居住《きょじゅう》する地域《ちいき》や職場《しょくば》、家庭《かてい》など、自分自身の関《かか》わる場所《ばしょ》全般《ぜんぱん》と拝《はい》することができます。

妙法を持《たも》つ人が〝今いる場所《ばしょ》〟こそ、広宣流布の本舞台《ほんぶたい》です。自分にしか切《き》り開《ひら》くことのできない広布の曠野《こうや》が必《かなら》ずあります。

その使命《しめい》の舞台《ぶたい》を「あなたにお任《まか》せいたします」と、大聖人は述《の》べられています。

ここで最《もっと》も重要《じゅうよう》なことは、この地域《ちいき》の広布を担《にな》うのは、誰《だれ》かではなく自分なりと、深《ふか》く自覚《じかく》することです。

大聖人から広布の責任《せきにん》を託《たく》された富士方面《ふじ》の門下《もんか》は、師《し》の信頼《しんらい》と期待《きたい》に、さぞかし胸《むね》を熱《あつ》くし、奮《ふる》い立《た》ったことでしょう。

仏《ほとけ》の生命《せいめい》は「縁《えん》」に触《ふ》れて現《あらわ》れる

大聖人は続《つづ》いて、「仏種《ぶっしゅ》は縁《えん》に従《よ》って起《おこ》る」と述《の》べ、一人一人に内在《ないざい》する仏《ほとけ》の生命《せいめい》は「縁《えん》」に触《ふ》れて現《あらわ》れるとの道理《どうり》を示《しめ》されています。

本来《ほんらい》、あらゆる人に仏《ほとけ》の生命《せいめい》は具《そな》わっています。しかし、仏界《ぶっかい》の真実《しんじつ》を説《と》いた法華経に縁《えん》しなければ、内在《ないざい》する仏《ほとけ》の生命《せいめい》が働《はたら》き始《はじ》めることはありません。ゆえに、「一乗《いちじょう》」、つまり、万人成仏《ばんにんじょうぶつ》の「南無妙法蓮華経」を説《と》いていくことが重要《じゅうよう》です。

「一乗《いちじょう》を説《と》く」とは、仏種《ぶっしゅ》を触発《しょくはつ》する真実《しんじつ》を語《かた》っていくことともいえます。民衆《みんしゅう》の真《しん》の幸福《こうふく》の実現《じつげん》こそ、大聖人の仏法の根本目的《こんぽんもくてき》です。万人《ばんにん》の尊厳《そんげん》を徹底《てってい》して説《と》き明《あ》かした人間主義《しゅぎ》の仏法が、今ほど希求《ききゅう》されている時代《じだい》はありません。

一人一人の仏《ほとけ》の生命《せいめい》を触発《しょくはつ》する人間主義《しゅぎ》の対話《たいわ》こそ、私たちが大聖人から直接《ちょくせつ》、託《たく》された大聖業《だいせいぎょう》であるとの大確信《だいかくしん》で進《すす》んでいきたい。わが使命《しめい》を晴《は》れやかに自覚《じかく》し、地域《ちいき》の人々の繁栄《はんえい》を願《ねが》って、勇《いさ》んで足を運《はこ》んでいきたい。

地味《じみ》なようでも、私たちの一対一の「対話《たいわ》の拡大《かくだい》」こそが、「幸福《こうふく》の拡大《かくだい》」を実現《じつげん》し、「民衆勝利《みんしゅうしょうり》の拡大《かくだい》」を築《きず》きあげていく確《たし》かな道《みち》だからです。

大聖人の仏法は「下種《げしゅ》仏法」

御書に「法華経を耳《みみ》にふれぬれば是《これ》を種《たね》として必《かなら》ず仏《ほとけ》になるなり」（五五二ジペー）とあるように、大聖人の仏法は「下種《げしゅ》仏法」です。

仏法対話《たいわ》によって、友の心田《しんでん》に成仏《じょうぶつ》のための種《たね》を蒔《ま》く「下種《げしゅ》」が、相手《あいて》の仏《ぶっ》性《しょう》を発動《はつどう》させる一切《いっさい》の出発点《しゅっぱつてん》となるのです。

もちろん、友の幸福《こうふく》を願《ねが》い、信心の確信《かくしん》を語《かた》っても、真心《まごころ》が通《つう》じず、反発《はんぱつ》される時《とき》もあるでしょう。しかし、たとえ信心に反発《はんぱつ》する「逆縁《ぎゃくえん》」の人であっても、最後《さいご》は幸福《こうふく》になっていくと、大聖人は仰《おお》せです。私たちはどこまでも相手《あいて》の仏性《ぶっしょう》を信《しん》じ抜《ぬ》き、仏縁《ぶつえん》を結《むす》ぶ対話《たいわ》を広《ひろ》げていけばよいのです。

「地域《ちいき》と社会《しゃかい》を大切《たいせつ》に」し、「生き生きと体験《たいけん》を語《かた》る」中で、信頼《しんらい》と友情《ゆうじょう》の絆《きずな》を結《むす》び、わが地域《ちいき》の幸福責任者《こうふくせきにんしゃ》となり、「立正安国《りっしょうあんこく》の柱《はしら》」となっている同志《どうし》の姿《すがた》は、今や世界中に広《ひろ》がっています。

「友情《ゆうじょう》の開拓《かいたく》」が「広布の開拓《かいたく》」です。

「励《はげ》ましの拡大《かくだい》」が「善縁《ぜんえん》の拡大《かくだい》」です。

勇敢《ゆうかん》に、朗《ほが》らかに語《かた》り抜《ぬ》き、友《とも》のことを祈《いの》り、行動《こうどう》すれば、互《たが》いの生命《せいめい》に「幸福《こうふく》の花」が必《かなら》ず咲《さ》き薫《かお》っていくのです。

創価の女性《じょせい》に無限《むげん》の希望《きぼう》を抱《いだ》く

共《とも》に対談集《たいだんしゅう》を発刊《はっかん》したエリース・ボールディング博士〈注5〉は、慈母《じぼ》の如《ごと》く語《かた》ってくださいました。

「ＳＧＩ（創価学会インタナショナル）のメンバーの方々《かたがた》とお会《あ》いしていて、いつも感《かん》じることですが、皆《みな》さんは信仰《しんこう》によって自《みずか》らの人生を高《たか》めようとの決意《けつい》に輝《かがや》いています。まさに世界の希望《きぼう》の存在《そんざい》です」

「人間は本来《ほんらい》、もっとお互《たが》いを知《し》り、心を配《くば》り合《あ》い、助《たす》け合《あ》うことができるのです。そうした観点《かんてん》から見ても、ＳＧＩの皆《みな》さまの活動《かつどう》は、一人一人が『よき市民《しみん》』として社会《しゃかい》に重要《じゅうよう》な、素晴《すば》らしい貢献《こうけん》をされています」

私どもの運動《うんどう》が、地域社会《ちいきしゃかい》にあって、いやまして模範《もはん》の光《ひかり》を放《はな》つ時代《じだい》になりました。

同《おな》じく対談集《たいだんしゅう》を編《あ》んだサーラ・ワイダー博士〈注６〉もエールを贈《おく》ってくださいました。

「私は、創価学会の女性《じょせい》たちに無限《むげん》の希望《きぼう》を抱《いだ》いております。とりわけ、女性《じょせい》たちの助《たす》け合《あ》い、励《はげ》まし合《あ》いに満《み》ちた姿《すがた》は印象的《いんしょうてき》です。創価学会の女性《じょせい》たちには、世代《せだい》を超《こ》え、また文化《ぶんか》を超《こ》えた結《むす》びつきがあります。平和《へいわ》の文化《ぶんか》の建設《けんせつ》のためには、こうした深《ふか》く、普遍的《ふへんてき》な次元《じげん》での、心と心の結《むす》びつきが不可欠《ふかけつ》なのです。人生において、希望《きぼう》の灯《ひ》が必要《ひつよう》となった時《とき》、私は必《かなら》ず、創価学会の女性《じょせい》たちの輝《かがや》く姿《すがた》を思《おも》い起《お》こすことでしょう」

まさしく、創価の女性《じょせい》は、自身《じしん》が思《おも》うと思《おも》わざるとにかかわらず、確《たし》かな希《き》望《ぼう》の光源《こうげん》の一人一人であるのです。

御書には、「法華経は師子王《ししおう》の如《ごと》し一切《いっさい》の獣《けもの》の頂《いただ》きとす、法華経の師子王《ししおう》を持《たも》つ女人《にょにん》は一切《いっさい》の地獄《じごく》・餓鬼《がき》・畜生等《ちくしょうとう》の百獣《ひゃくじゅう》に恐《おそ》るる事《こと》なし」（一三一六ページ）と断言《だんげん》されています。

「人のため、広布のために悩《なや》む」

戸田先生は、こう語《かた》られました。

「お金がなくて悩《なや》む。体《からだ》が弱《よわ》くて悩《なや》む。子どもの成績《せいせき》が悪《わる》くて悩《なや》む。こうした悩《なや》みは、多次元《たじげん》にわたって時々刻々《じじこっこく》と起《お》こってくる。これが人生である。しかし、そのなかにあって、妙法を弘《ひろ》めようとして悩《なや》む。人びとを幸福《こうふく》にしようとして悩《なや》む。正しき信心に立って、法《ほう》のため、人のため、創価学会のため、広宣流布のために悩《なや》む。これほど素晴《すば》らしい悩《なや》みが、どこにあるだろうか」

まさに創価の母《はは》たちの悩《なや》みは、仏《ほとけ》の悩《なや》みであり、「煩悩即菩提《ぼんのうそくぼだい》」〈注7〉の法理《ほうり》に則《のっと》って、そのまま仏《ほとけ》の智慧《ちえ》となり、慈悲《じひ》となって皆《みな》を包容《ほうよう》し、導《みちび》いていくのです。

団結強《だんけつつよ》き、世界一《せかいいち》の婦人部に

「白ゆりの　香《かお》りも高《たか》き　集《つど》いかな　心の清《きよ》き　友《とも》どちなれば」

一九六三年（昭和三十八年）二月十一日に発表《はっぴょう》した「婦人部に与《あた》う」の中で、私は戸田先生の和歌《わか》に触《ふ》れ、こうつづりました。

「この歌《うた》のごとく、清《きよ》らかな、そして、水のごとき信心を根本《こんぽん》に、一生成仏《じょうぶつ》をめざし、また、広宣流布達成《たっせい》まで、団結強《だんけつつよ》き、世界一《せかいいち》の婦人部であっていただきたい」

私のこの思《おも》いは、今《いま》も変《か》わりありません。戸田先生は「この地上《ちじょう》から悲惨《ひさん》と不幸《ふこう》を無《な》くしたい」とも言《い》われていました。宿命《しゅくめい》に苦《くる》しむ人がいる限《かぎ》り、我《われ》らの広宣流布の運動《うんどう》は止《や》むことがありません。その要《かなめ》の存在《そんざい》こそが婦人部《ふじんぶ》の皆《みな》さん方《がた》なのです。

どうか、「一家《いっか》を照《て》らす太陽」「後継《こうけい》の人材《じんざい》を照《て》らす太陽」「地域《ちいき》を照《て》らす太陽」、何《なに》より、「女性《じょせい》の世紀《せいき》」「生命尊厳《せいめいそんげん》の世紀《せいき》」「平和《へいわ》の世紀《せいき》」を照《て》らしゆく太陽として、共々《ともども》に使命《しめい》の大道《だいどう》を歩《あゆ》み通《とお》していってください。

人類《じんるい》の和楽《わらく》の前進願《ぜんしんねが》う「立正安国《りっしょうあんこく》」

私たちの祈《いの》りは、「世界《せかい》の平和《へいわ》」と「一切衆生《いっさいしゅじょう》の幸福《こうふく》」を願《ねが》う祈《いの》りです。最後《さいご》の一人まで救《すく》うという大乗菩薩《だいじょうぼさつ》の究極《きゅうきょく》の誓願《せいがん》の祈《いの》りです。

ＳＧＩのメンバーが唱《とな》える題目が地球《ちきゅう》を包《つつ》んでいます。私たちの祈《いの》りが、一人一人の生命《せいめい》の宝塔《ほうとう》を開《ひら》き、その林立《りんりつ》で国土《こくど》の宿命《しゅくめい》をも転換《てんかん》しゆく軌道《きどう》が明確《めいかく》に築《きず》かれています。

今《いま》こそ、私たちは「立正安国《りっしょうあんこく》の祈《いの》り」を根本《こんぽん》に、自《みずか》らの誓願《せいがん》の天地《てんち》に宝土《ほうど》を建設《けんせつ》しながら、世界市民《しみん》の和楽《わらく》の前進《ぜんしん》を創《つく》り広《ひろ》げていこうではありませんか！

［注　解］

〈注1〉【祈禱抄《きとうしょう》】文永《ぶんえい》九年（一二七二年）、佐渡《さど》で著《あらわ》され、最蓮房《さいれんぼう》に与《あた》えられたとされる。諸宗《しょしゅう》の祈《いの》りと法華経による祈《いの》りを比較《ひかく》され、「但《ただ》法華経をもっていのらむ祈《いのり》は必《かなら》ず祈《いのり》となるべし」（御書一三四四ページ）と、法華経の行者《ぎょうじゃ》の祈《いの》りが叶《かな》わないことは絶対《ぜったい》にないと断言《だんげん》されている。

〈注2〉【三障四魔《さんしょうしま》】仏道修行《ぶつどうしゅぎょう》を妨《さまた》げる三つの障《さわ》りと四つの魔《ま》のこと。三障《さんしょう》とは煩悩障《ぼんのうしょう》・業障《ごうしょう》・報障《ほうしょう》をいい、四魔《しま》とは陰魔《おんま》・煩悩魔《ぼんのうま》・死魔《しま》・天子魔《てんしま》をいう。

〈注3〉【如蓮華在水《にょれんげざいすい》】法華経従地涌出品《じゅうじゆじゅっぽん》第《だい》十五の文《もん》。「蓮華《れんげ》の水《みず》に在《あ》るが如《ごと》し」（法華経四七一ページ）と読《よ》み下《くだ》す。地涌《じゆ》の菩薩《ぼさつ》が、煩悩《ぼんのう》・業《ごう》・苦《く》の渦巻《うずま》く世間《せけん》のなかにあっても、それに染《そ》まらないさまを、蓮華《れんげ》が泥水《でいすい》のなかに清浄《しょうじょう》な花を咲《さ》かせることに譬《たと》えている。

〈注4〉【高橋殿御返事《たかはしどのごへんじ》】日蓮大聖人が、駿河国《するがのくに》（静岡県中央部《ちゅうおうぶ》）の富士《ふじ》方面で、門下《もんか》の中心的《ちゅうしんてき》な役割《やくわり》を担《にな》っていた弟子《でし》に与《あた》えられた、お手紙《てがみ》の一部《いちぶ》（断簡《だんかん》）と考《かんが》えられている。そこからの推定《すいてい》により、高橋六郎入道《たかはしろくろうにゅうどう》に宛《あ》てられた御消息文《ごしょうそくもん》とされているが、詳細《しょうさい》は不明《ふめい》。「米穀御書《べいこくごしょ》」ともいう。

〈注5〉【エリース・ボールディング博士】一九二〇年〜二〇一〇年。アメリカの平和《へいわ》学者《がくしゃ》・社会《しゃかい》学者《がくしゃ》。国際平和研究《こくさいへいわけんきゅう》学会事務局長《じむきょくちょう》、国連《こくれん》大学理事《りじ》などを務《つと》め、ユネスコの提唱《ていしょう》した「平和《へいわ》の文化《ぶんか》」の推進《すいしん》に貢献《こうけん》。池田先生との対談集《たいだんしゅう》『「平和《へいわ》の文化《ぶんか》」の輝《かがや》く世紀《せいき》へ！』は、『池田大作全集』第113巻《かん》に所収《しょしゅう》。

〈注6〉【サーラ・ワイダー博士】エマソン協会《きょうかい》元会長。全米屈指《ぜんべいくっし》の教養《きょうよう》大学・コルゲート大学教授。池田先生との対談集《たいだんしゅう》『母《はは》への讃歌《さんか》——詩心《しごころ》と女性《じょせい》の時代《じだい》を語《かた》る』（潮出版社）がある。

〈注7〉【煩悩即菩提《ぼんのうそくぼだい》】煩悩《ぼんのう》に支配《しはい》されている衆生《しゅじょう》の生命《せいめい》に成仏《じょうぶつ》のための覚《さと》りの智慧《ちえ》（菩提《ぼだい》）が現《あらわ》れること。

広布の黄金柱《おうごんばしら》——歴史《れきし》を創《つく》れ！　皆《みな》が勝利王《しょうりおう》に！

さあ、生命《せいめい》が躍動《やくどう》する春到来《はるとうらい》です。

弥生《やよい》三月は、我《われ》ら壮年部の結成《けっせい》の月——。一九六六年（昭和四十一年）の三月五日、創価の丈夫《ますらお》が共々《ともども》に、広宣流布の大海原《おおうなばら》へ意気揚々《いきようよう》と船出《ふなで》しました。

「弥生《やよい》」は「いやおい」、すなわち「いよいよ生《お》い茂《しげ》る」の意義《いぎ》です。

思えば、六九年（同四十四年）の三月十六日、壮年部が結成《けっせい》三年にして初《はつ》の総会《そうかい》を開催《かいさい》し、〝広宣流布記念《きねん》の日〟の意義《いぎ》を留《とど》めました。

私は席上《せきじょう》、壮年部員に強《つよ》く訴《うった》えました。

「三・一六」は、我々《われわれ》こそが広布実現《じつげん》の決意《けつい》を深《ふか》く固《かた》めていく日である、と。

「宗教界《しゅうきょうかい》の王者《おうじゃ》」の大宣言《だいせんげん》

それには、一つの秘《ひ》めた思《おも》いがありました。

最晩年《さいばんねん》のあの式典《しきてん》で、戸田先生は、梵天《ぼんてん》・帝釈《たいしゃく》の働《はたら》きをする社会《しゃかい》の指導者層《しどうしゃそう》が、仏法を賞讃《しょうさん》する時代《じだい》が来《く》ることを、事実《じじつ》のうえで示《しめ》そうとされました。

否《いな》、そういう時代《じだい》を必《かなら》ず創《つく》ることを、後継《こうけい》の弟子《でし》に託《たく》したのです。

先生は「創価学会は、宗教界《しゅうきょうかい》の王者《おうじゃ》である」と、広宣流布の勝利《しょうり》を宣言《せんげん》されました。

創価の世界《せかい》は「霊山一会儼然未散《りょうぜんいちえげんねんみさん》」

であるならば、師《し》と不二《ふに》の壮年部こそが、社会《しゃかい》の識者《しきしゃ》たちを納得《なっとく》せしめ、王《おう》者《じゃ》の陣列《じんれつ》を築《きず》く力《ちから》をもたなければならない。広宣流布を荘厳《そうごん》する決定打《けっていだ》を放《はな》つのは、わが壮年部だ。生涯《しょうがい》をかけて師弟《してい》の道《みち》を貫《つらぬ》き、「霊山一会儼然未散《りょうぜんいちえげんねんみさん》」〈注1〉の創価の世界《せかい》を守《まも》り抜《ぬ》き、地涌《じゆ》の誓願《せいがん》を果《は》たし切《き》る存在《そんざい》なのだ──そうした期待《きたい》を込《こ》めて、私は訴《うった》えたのです。

そして今、うれしいことに、恩師《おんし》の願《ねが》い通《どお》り、全世界《ぜんせかい》から、あらゆる分野《ぶんや》の指導者《しどうしゃ》が、創価の人間主義《しゅぎ》に賛同《さんどう》し、学会に共感《きょうかん》と賞讃《しょうさん》を寄《よ》せてくださる時代《じだい》となりました。この事実《じじつ》こそが、「仏法即社会《そくしゃかい》」「仏法勝負《しょうぶ》」の広宣流布の証《あか》しです。学会は厳然《げんぜん》と勝《か》ったのです。

「確信《かくしん》の柱《はしら》」「覚悟《かくご》の柱《はしら》」たれ

王者《おうじゃ》の範《はん》を示《しめ》された戸田先生の胸中《きょうちゅう》には、「御本尊への絶対《ぜったい》の確信《かくしん》の柱《はしら》」と「広宣流布に生き抜《ぬ》く覚悟《かくご》の柱《はしら》」が、仰《あお》ぎ見《み》る大樹《たいじゅ》の如《ごと》く聳《そび》え立《た》っていました。

創価の勝利王《しょうりおう》たる壮年部に不可欠《ふかけつ》な「確信《かくしん》の柱《はしら》」「覚悟《かくご》の柱《はしら》」について、御書を拝《はい》し、学んでいきたい。壮年が、いよいよ躍《おど》り出《で》る時《とき》だからです。

南条兵衛七郎殿御書《なんじょうひょうえしちろうどのごしょ》

御文

（御書一四九八ページ七行目〜十三行目）

いよいよ法華経《ほけきょう》こそ信心《しんじん》まさり候《そうら》へ、第《だい》四の巻《まき》に云《いわ》く「而《しか》も此《こ》の経《きょう》は如来《にょらい》の現在《げんざい》すら猶怨嫉《なおおんしつ》多《おお》し況《いわん》や滅度《めつど》の後《のち》をや」第《だい》五の巻《まき》に云《いわ》く「一切世間怨多《いっさいせけんあだおお》くして信《しん》じ難《がた》し」等云云《とううんぬん》、日本《にほん》国《こく》に法華経《ほけきょう》よ《読》み学《がく》する人《ひと》これ多《おお》し（中略）日本国《にほんこく》の持経者《じきょうしゃ》は・いまだ此《こ》の経文《きょうもん》にはあ《値》わせ給《たま》はず唯日蓮一人《ただにちれんいちにん》こそよ《読》みはべれ・我不愛身命但惜無上道是《がふあいしんみょうたんしゃくむじょうどうこれ》なりされば日蓮《にちれん》は日本第一《だいいち》の法《ほ》華経《けきょう》の行者《ぎょうじゃ》なり。

もし・さきにたたせ給《たま》はば梵天《ぼんでん》・帝釈《たいしゃく》・四大天王《しだいてんのう》・閻魔大《えんまだい》

王等《おうとう》にも申《もう》させ給《たも》うべし、日本第一《だいいち》の法華経《ほけきょう》の行者《ぎょうじゃ》・日蓮房《にちれんぼう》の弟子《でし》なりとなのらせ給《たま》へ、よもはうしん《芳心》なき事《こと》は候《そうら》はじ

現代語訳

いよいよ法華経の信心を増《ま》すばかりである。法華経第《だい》四の巻《まき》には「しかもこの経《きょう》は仏《ほとけ》の在世《ざいせ》でさえなお反発《はんぱつ》が多《おお》い。ましてや仏《ほとけ》の滅度《めつど》の後《のち》においてはなおさらである」とあり、第《だい》五の巻《まき》には「あらゆる世《せ》間《けん》の人々は反発《はんぱつ》が多《おお》くて信《しん》じがたい」と説《と》かれている。日本国に法華経を読《よ》み学ぶ人は多《おお》い。（中略）

日本国の持経者《じきょうしゃ》は、いまだこの経文《きょうもん》には符合《ふごう》していない。ただ日蓮一人こそが法華経を身《み》で読《よ》んだのである。「私は身命《しんみょう》に愛着《あいちゃく》せず、ただ無上道《むじょうどう》を惜《お》しむ」とはこのことである。ゆえに日蓮は日本第一《だいいち》の法

華経の行者《ぎょうじゃ》である。

もし日蓮より先に（霊山浄土《りょうぜんじょうど》へ）旅立《たびだ》たれるなら、梵天《ぼんてん》・帝釈天《たいしゃくてん》・四大天王《しだいてんのう》・閻魔大王《えんまだいおう》らに申《もう》し上《あ》げなさい。「日本第一《だいいち》の法華経の行《ぎょう》者《じゃ》・日蓮房《ぼう》の弟子《でし》である」とお名乗《なの》りなさい。よもや粗略《そりゃく》な扱《あつか》いはされないであろう。

信心が破《やぶ》られない限《かぎ》り負《ま》けない

創価の父・牧口常三郎《つねさぶろう》先生も線《せん》を引《ひ》かれ、深《ふか》く拝《はい》されていた御聖訓《ごせいくん》です。

大聖人は、「唯《ただ》日蓮一人《いちにん》こそよ《読》みはべれ」と、法華経の予言《よげん》通《どお》りに大難《だいなん》に遭《あ》ったのは、御自身《ごじしん》一人であると力強《ちからづよ》く御断言《ごだんげん》です。

信心が揺《ゆ》らぎかねない状況《じょうきょう》にある壮年門下《もんか》に、〝わが姿《すがた》を見よ〟と渾身《こんしん》の励《はげ》ましを送《おく》られたお手紙《てがみ》が、この「南条兵衛七郎殿御書《なんじょうひょうえしちろうどのごしょ》」〈注2〉です。南条兵《なんじょうひょう》衛七郎《えしちろう》は、青年門下《もんか》の代表《だいひょう》である南条時光《なんじょうときみつ》の父親《ちちおや》です。もともと念仏《ねんぶつ》を信仰《しんこう》していましたが、鎌倉《かまくら》にいた時《とき》に大聖人に帰依《きえ》したとされています。

信心に励《はげ》んできた兵衛七郎《ひょうえしちろう》ですが、重《おも》い病《やまい》を患《わずら》う中で、一族《いちぞく》の人たちから、再《ふたた》び念仏《ねんぶつ》を信仰《しんこう》するよう強《し》いられていたようです。

ゆえに、本抄《ほんしょう》では、〝悪縁《あくえん》に引《ひ》きずられてはならない〟〝今《いま》こそ「大信心」を起《お》こしなさい〟と、断《だん》じて正しい信仰《しんこう》を貫《つらぬ》き通《とお》すように励《はげ》まされています。どんな病《やまい》でも、どんな境遇《きょうぐう》でも、一切《いっさい》を変毒為薬《へんどくいやく》していけるのが妙法の信心です。したがって、信心が破《やぶ》られない限《かぎ》り、人生に負《ま》けることはないのです。

「道理《どうり》」と「情熱《じょうねつ》」と「勇気《ゆうき》」

本抄《ほんしょう》では、「宗教の五綱《しゅうきょうのごこう》」〈注3〉を通《とお》し、法華経こそが末法《まっぽう》の人々を救済《きゅうさい》できる大法《だいほう》であるという法理《ほうり》を諄々《じゅんじゅん》と教《おし》えられています。

一般的《いっぱんてき》に、社会《しゃかい》の荒波《あらなみ》に揉《も》まれる壮年は、道理《どうり》を大事《だいじ》にするものです。兵衛《ひょうえ》七郎《しちろう》も明快《めいかい》な仏法の哲理《てつり》に、あらためて信《しん》を深《ふか》めたことでしょう。ただし、道《どう》理《り》で納得《なっとく》しても、それだけでは心が動《うご》かないのも、また壮年です。

大聖人は、自《みずか》ら「小松原《こまつばら》の法難《ほうなん》」〈注4〉を勝《か》ち越《こ》えられた姿《すがた》を通《とお》し、「いよいよ法華経こそ信心《しんじん》まさり候《そうら》へ」と仰《おお》せです。信心への大情熱《だいじょうねつ》を燃《も》やして勝利《しょうり》の実証《じっしょう》を示《しめ》していく勇気《ゆうき》を教《おし》えられています。

戦《たたか》い続《つづ》ける人が偉大《いだい》な人

若《わか》き日、戸田先生に「どういう人が偉《えら》い人なのでしょうか」と質問《しつもん》したことがあります。

恩師《おんし》は、即答《そくとう》してくださいました。

「確信《かくしん》のある人だよ。人生は、また、すべては確信《かくしん》だよ」

偉大《いだい》な先生でした。事業《じぎょう》の苦境《くきょう》も、家族《かぞく》との死別《しべつ》も、自身《じしん》の大病《たいびょう》も、そして法難《ほうなん》の投獄《とうごく》も、全《すべ》てを勝《か》ち抜《ぬ》かれた体験《たいけん》のうえから、「確信《かくしん》」という一言《ひとこと》で言《い》い切《き》られたのです。

確信《かくしん》とは一念《いちねん》です。それは、勇気《ゆうき》であり、不屈《ふくつ》であり、希望《きぼう》であり、大慈悲《だいじひ》です。なにより、御本尊への絶対《ぜったい》の「信《しん》」です。

生涯《しょうがい》、信心を貫《つらぬ》き通《とお》してみせる！

わが職場《しょくば》を大発展《だいはってん》させてみせる！

わが眷属《けんぞく》を断固《だんこ》、幸福《こうふく》にしてみせる！

わが地域《ちいき》を勝《か》ち栄《さか》えさせてみせる！

――そういう確信《かくしん》を持《も》って戦《たたか》い続《つづ》ける人が偉大《いだい》な人なのです。

壮年部の三モットーである「生涯求道《しょうがいきゅうどう》の壮年部」「職場《しょくば》で勝利《しょうり》する壮年部」「地域貢献《ちいきこうけん》の壮年部」の通《とお》りです。

戸田先生が事業《じぎょう》の最悪《さいあく》の窮地《きゅうち》の中、悠然《ゆうぜん》と語《かた》られた言葉《ことば》が、鮮明《せんめい》に蘇《よみがえ》ります。

「私は、かりに地獄《じごく》に堕《お》ちても平気《へいき》だよ。なぜならば、地獄《じごく》の衆生《しゅじょう》を折伏《しゃくぶく》して、寂光土《じゃっこうど》に変《か》えてみせるからだ。信心とは、この確信《かくしん》だよ」

これが、偉大《いだい》なる師子王《ししおう》の大確信《だいかくしん》でした。

多忙《たぼう》だからこそ一歩《いっぽ》も退《しりぞ》くな

壮年が抱《かか》えている苦労《くろう》、また社会状況《しゃかいじょうきょう》の厳《きび》しさというものは、本人でなければ分《わ》からないものでしょう。

多忙《たぼう》を極《きわ》める仕事《しごと》、責任《せきにん》ある立場《たちば》の重圧《じゅうあつ》もある。言《い》うに言《い》われぬ辛労《しんろう》は絶《た》えません。

私も戸田先生の事業《じぎょう》を支《ささ》えるために、活動《かつどう》に出られない時期《じき》があり、心ない陰口《かげぐち》を叩《たた》かれたこともあります。しかし、私は多忙《たぼう》だからこそ、一歩《いっぽ》も退《しりぞ》かないと決《き》めていました。

時間《じかん》をつくろう、動《うご》こう、友《とも》に会《あ》おう、と必死《ひっし》に努力《どりょく》することは、そのまま仏道修行《ぶつどうしゅぎょう》です。その一念《いちねん》が人間革命に繋《つな》がり、自身《じしん》の境涯《きょうがい》を変革《へんかく》していくからです。また、そうやってこじ開《あ》けた時間《じかん》だからこそ、相手《あいて》の労苦《ろうく》も分《わ》かり、一言《ひとこと》の励《はげ》まし、一軒《いっけん》の家庭指導《かていしどう》が、相手《あいて》の心を動《うご》かすのです。

信仰は、幸福《こうふく》への「権利《けんり》」です。義務《ぎむ》でも強制《きょうせい》でもない。一念《いちねん》の置《お》きどころ一《ひと》つで、凝縮《ぎょうしゅく》した学会活動《かつどう》に励《はげ》み、生命力《せいめいりょく》を満々《まんまん》と充電《じゅうでん》できます。必《かなら》ずや、「極楽百年《ごくらくひゃくねん》の修行《しゅぎょう》」にも勝《まさ》る「穢土《えど》の一日《いちにち》の功徳《くどく》」を積《つ》むことができるのです（御書三二九ジペー）。

「攻《せ》めの一念《いちねん》」に立ってこそ

年齢《ねんれい》とともに、体力《たいりょく》の衰《おとろ》えや病気《びょうき》などで〝今まで頑張《がんば》ってきたのだから〟と一歩退《いっぽしりぞ》いてしまう場合《ばあい》もあるかもしれません。

もちろん、聡明《そうめい》な休養《きゅうよう》は不可欠《ふかけつ》であり、無理《むり》は禁物《きんもつ》です。しかし、胸中《きょうちゅう》の炎《ほのお》だけは断《だん》じて消《け》してはなりません。心まで受《う》け身《み》になると、迷《まよ》いが生《しょう》じたり、活動《かつどう》を負担《ふたん》に感《かん》じてしまうものです。だからこそ、攻《せ》めの一念《いちねん》に転《てん》じて、前《まえ》を向《む》くことです。どこまでも「学会と共《とも》に」「同志《どうし》と共《とも》に」、広宣流布、立正安国《りっしょうあんこく》へ進《すす》むのです。生涯不退《しょうがいふたい》が真《しん》の信心です。

信心に油断《ゆだん》や慢心《まんしん》があってはなりません。「随《したが》う可《べか》らず畏《おそ》る可《べか》らず」（御書一〇八七ジペー）と己心《こしん》の魔《ま》を鋭《するど》く打《う》ち破《やぶ》るのです。そして、「遊行《ゆぎょう》して畏《おそ》れ無《な》きこと師子王《ししおう》の如《ごと》く」（御書一一二四ジペー）、堂々《どうどう》と生き抜《ぬ》くのです。

人生は総仕上《そうしあ》げが勝負《しょうぶ》

悔《く》いなき人生——。

それは、世間《せけん》の評判《ひょうばん》や、他人《たにん》が決《き》めるものではありません。全部《ぜんぶ》、自分自身《じぶんじしん》が決《き》めるものです。

勝負《しょうぶ》は途中《とちゅう》の姿《すがた》では決《き》まりません。何《なに》があっても、最後《さいご》に「勝《か》った！」と確《かく》信《しん》できるのが「一生成仏《いっしょうじょうぶつ》」の信心です。それまでに味《あじ》わってきた苦《くる》しみも悲《かな》しみも、全《すべ》て、人生を歓喜《かんき》と感謝《かんしゃ》で彩《いろど》る黄金《おうごん》の思《おも》い出《で》と転《てん》じていける。これが妙法の大功力《だいくりき》です。

大聖人は、南条兵衛七郎《なんじょうひょうえしちろう》に、三世《さんぜ》の生命観《せいめいかん》のうえから、命《いのち》が尽《つ》きて閻魔大王《えんまだいおう》等《とう》にあったならば「日蓮房《にちれんぼう》の弟子《でし》なり」と言《い》い切《き》りなさいと仰《おお》せです。最後《さいご》まで信仰《しんこう》を続《つづ》けるならば、何《なに》も恐《おそ》れる必要《ひつよう》はない、との御断言《ごだんげん》です。

兵衛七郎《ひょうえしちろう》は、大聖人の渾身《こんしん》の励《はげ》ましで、信仰《しんこう》を貫《つらぬ》き通《とお》すことができました。「臨終正念《りんじゅうしょうねん》」〈注5〉の立派《りっぱ》な信心であったことは、後《のち》に大聖人が子息《しそく》の時光《ときみつ》に伝《つた》え、賞讃《しょうさん》されています。その福徳《ふくとく》に包《つつ》まれ、南条家《なんじょうけ》は一家《いっか》で使命《しめい》を果《は》たし抜《ぬ》くことができたのです。

この堂々《どうどう》たる姿《すがた》こそ、確信《かくしん》に生《い》きる、わが創価の壮年の「凱歌《がいか》の人生」の模《も》範《はん》です。

種種御振舞御書《しゅじゅおふるまいごしょ》

御文

（御書九一〇ページ十二行目～十六行目）

各各《おのおの》我《わ》が弟子《でし》となのらん人人《ひとびと》は一人《ひとり》もをくし《臆》をもはるべからず（中略）法華経《ほけきょう》をばそこばく《若干》行《ぎょう》ぜしかども・かかる事出来《ことしゅったい》せしかば退転《たいてん》してやみにき、譬《たと》えばゆ《湯》をわか《沸》して水《みず》に入《い》れ火《ひ》を切《き》るにとげ《遂》ざるがごとし、各各思《おのおのおも》い切《き》り給《たま》へ此《こ》の身《み》を法華《ほけ》経《きょう》にかうるは石《いし》に金《こがね》をかへ糞《ふん》に米《こめ》をかうるなり

現代語訳

それぞれ、わが弟子《でし》と名乗《なの》る人々は、一人も臆《おく》する心を起《お》こしては

ならない。(中略)
過去世《かこせ》に法華経をずいぶん修行《しゅぎょう》したけれども、このような大難《だいなん》が起《お》きると、退転《たいてん》して修行《しゅぎょう》をやめてしまった。それは例《たと》えば、湯《ゆ》を沸《わ》かしておきながら水の中に入れ、火を起《お》こすのに途中《とちゅう》でやめて火を得《え》られないようなものである。それぞれ、覚悟《かくご》を決《き》めるがよい。
この身《み》を法華経に換《か》えるのは、石を黄金《おうごん》に換《か》え、糞《ふん》を米《こめ》に換《か》えるようなものである。

弟子《でし》と名乗《なの》れる信心を

「種種御振舞御書《しゅじゅおふるまいごしょ》」〈注6〉を拝《はい》するたびに、〝法華経の行者《ぎょうじゃ》の覚悟《かくご》の人生を見よ!〟〝弟子《でし》たちよ、臆《おく》するな!〟との、御本仏《ごほんぶつ》の烈々《れつれつ》たる気迫《きはく》、崇高《すうこう》なる精神《せいしん》が胸《むね》に迫《せま》ってきます。仏法の柱《はしら》である師弟不二《していふに》の道《みち》は、断固《だんこ》たる覚悟《かくご》で進《すす》む「険難《けんなん》」即《そく》「栄光《えいこう》」の道《みち》です。

「我《わ》が弟子《でし》となのらん人人《ひとびと》」――〝自分《じぶん》は日蓮大聖人の弟子《でし》である〟と名乗《なの》る人々《ひとびと》です。弟子《でし》が自《みずか》ら名乗《なの》りを上げるのです。弟子《でし》が勝《か》って、師匠《ししょう》の勝利《しょうり》を決《けっ》するのです。どこまでも弟子《でし》の決意《けつい》、覚悟《かくご》で決《き》まります。

次元《じげん》は異《こと》なりますが、私自身《じしん》も、恩師《おんし》の構想《こうそう》を全《すべ》て実現《じつげん》してきました。そのために、生きて生きて、生き抜《ぬ》き、戦《たたか》い抜《ぬ》いてきました。

今《いま》、「創価の師弟《してい》は勝《か》った！」と、一点の悔《く》いなく宣言《せんげん》することができます。これ以上《いじょう》の誉《ほま》れはありません。

「本《もと》より存知《ぞんち》の旨《むね》なり」

大聖人は、迫害《はくがい》の嵐《あらし》が吹《ふ》き荒《あ》れんとする状況《じょうきょう》をも、悠然《ゆうぜん》と見下《みお》ろしていかれました。

「日蓮悦《よろこ》んで云《いわ》く本《もと》より存知《ぞんち》の旨《むね》なり」（御書九一〇ジペー）

妙法流布《るふ》に生きる中で大難《だいなん》に遭《あ》うことは、もとより覚悟《かくご》のうえではないか！　わが門下《もんか》よ、「難来《なんきた》るを以《もっ》て安楽《あんらく》」（御書七五〇㌻）と悦《よろこ》び給《たま》えと教《おし》えてくださっているのです。その通《とお》りに、戦《たたか》い続《つづ》けてきたのが創価学会です。

本抄《ほんしょう》で大聖人は、「一人《ひとり》もをく《臆》しをもはるべからず」と仰《おお》せです。日蓮の弟《で》子《し》と名乗《なの》るのであれば、一人も臆病《おくびょう》になるなと厳命《げんめい》されています。

信心に励《はげ》めば、三障四魔《さんしょうしま》が紛然《ふんぜん》として競《きそ》い起《お》こることは必然《ひつぜん》です。だからこそ、大事《だいじ》なことは、「各各思《おのおのおも》い切《き》り給《たま》へ」です。

人生の正念場《しょうねんば》に際《さい》して、今《いま》こそと「思《おも》い切《き》る」勇気《ゆうき》が勝利《しょうり》を開《ひら》くのです。どこまでも「師匠《ししょう》と共《とも》に！」との共戦《きょうせん》の中に、無窮《むきゅう》の力《ちから》がみなぎるのです。

「俺《おれ》を、行《い》かせてくれ」

忘《わす》れ得《え》ぬ叱咤《しった》があります。それは、一九五七年（昭和三十二年）十一月十九日のことでした。

戸田先生は翌日《よくじつ》、広島訪問《ひろしまほうもん》の予定《よてい》でした。しかし、極度《きょくど》に衰弱《すいじゃく》され、とても行《い》ける状態《じょうたい》ではありませんでした。学会本部《ほんぶ》の応接室《おうせつしつ》のソファに横《よこ》になっていた先生の体《からだ》を思《おも》い、広島行《ひろしまい》きを必死《ひっし》に止《と》める私に、先生は毅然《きぜん》として「俺《おれ》を、行《い》かせてくれ」と言《い》われました。

「仏《ほとけ》のお使《つか》いとして、一度《いちど》、決《き》めたことがやめられるか。それが、まことの信心ではないか」

「後《あと》は、すべて、御仏意《ごぶつい》あるのみではないか」

恩師《おんし》は、病魔《びょうま》との熾烈《しれつ》な闘《たたか》いの中にあって、なお〝広宣流布を成《な》し遂《と》げなくては〟との気概《きがい》、情熱《じょうねつ》が沸騰《ふっとう》していました。

大事《だいじ》な命《いのち》だからこそ、広宣流布に捧《ささ》げて戦《たたか》い抜《ぬ》く。その中で、妙法という大《だい》宇宙《うちゅう》の根源《こんげん》のリズムに合致《がっち》し、永遠《えいえん》に生きていくことができるのです。

この「覚悟《かくご》の柱《はしら》」を、恩師《おんし》は私の生命《せいめい》に打《う》ち立《た》ててくださったのだと、今《いま》も感謝《かんしゃ》は尽《つ》きません。

戦《たたか》う決心《けっしん》に立つ人に仏《ほとけ》の生命《せいめい》

「此《こ》の身《み》を法華経にかうるは石《いし》に金《こがね》をかへ」と仰《おお》せです。仏法を知《し》り、広宣流布のために生き抜《ぬ》くことは、人生の意味《いみ》を一変《いっぺん》させます。五十七歳《さい》で信心を始《はじ》められた牧口先生は、「言語《げんご》に絶《ぜっ》する歓喜《かんき》を以《もっ》て殆《ほとん》ど六十年の生活法《せいかつほう》を一新《いっしん》するに至《いた》った」と述懐《じゅっかい》されています〈注7〉。

人生は決断《けつだん》の連続《れんぞく》です。その途上《とじょう》に、広宣流布の大願《だいがん》に立ち、自他共《じたとも》の幸福《こうふく》を築《きず》くという「深《ふか》きに就《つ》く」生き方をあえて選《えら》んでいく。尊《とうと》いわが命《いのち》の時間《じかん》を使《つか》っていく。なんと崇高《すうこう》な価値創造《かちそうぞう》の黄金《おうごん》の人生でしょうか。

大聖人は本抄《ほんしょう》で、「日蓮さきがけ《魁》したり、わたうども《和党共》二陣三陣《にじんさんじん》つづきて」（御書九一〇ページ）、「仏《ほとけ》の御使《おんつかい》と・なのりながら・をく《臆》せんは無下《むげ》の人人《ひとびと》なり」（御書九一一ページ）と仰《おお》せです。覚悟《かくご》して、私に続《つづ》けと教《おし》えられています。

戸田先生は叫《さけ》ばれました。

「人間は誰《だれ》しも、絶望的《ぜつぼうてき》になる時《とき》がある。しかし、それに耐《た》えて、乗《の》り切《き》ってしまえば、後《あと》になれば何《なん》でもないものだ。妙法の威力《いりょく》は、何《なに》ものも遮《さえぎ》ることなどできない。『さあ、来《こ》い！　負《ま》けてたまるものか』との大覚悟《だいかくご》で立《た》ち向《む》かえば、魔《ま》は退散《たいさん》する。何《なに》があっても、吹《ふ》っ飛《と》ばしていけ！」

三世《さんぜ》にわたる宿縁《しゅくえん》

師匠《ししょう》と同《おな》じ大願《だいがん》に生きる時《とき》、わが生命《せいめい》に「師《し》子《し》王《おう》の心」が涌現《ゆげん》するのです。自分中心《じぶんちゅうしん》の「小願《しょうがん》」にとどまっていれば、力《ちから》も出ない。小さな自分《じぶん》で終《お》わってしまう。大いなる自分《じぶん》へ、覚悟《かくご》を決《き》め、ど真《ま》ん中《なか》に「大願《だいがん》」を打《う》ち立《た》てることです。

戸田先生は、信心の喜《よろこ》びを簡潔《かんけつ》に教《おし》えてくださっています。

「一生のすべての体験《たいけん》が生きてくるのだ。何《なに》ひとつ、塵《ちり》も残《のこ》さず、むだはなかったことが分《わ》かるのです。これが妙法の大功徳《だいくどく》です」

信心する前《まえ》のあらゆる体験《たいけん》も、全部《ぜんぶ》、生かし切《き》っていけるのが妙法です。

今《いま》、この時《とき》に仏法に巡《めぐ》り合《あ》い、広布の陣列《じんれつ》に連《つら》なることができたのは、仏法の眼《まなこ》から見れば、決《けっ》して偶然《ぐうぜん》ではありません。師弟《してい》の宿縁《しゅくえん》は三世《さんぜ》である。三世《さんぜ》の生命観《せいめいかん》に立てば、皆《みな》、この地球《ちきゅう》で広宣流布するために、今ここに、願《ねが》って生まれてきた宿縁深《しゅくえんふか》き同志《どうし》です。

使命《しめい》に生き切《き》る真《しん》の人間革命を

大聖人は、「天《てん》・地《ち》・人《じん》を貫《つらぬ》きて少《すこ》しも傾《かたむ》かざるを王《おう》とは名《なづ》けたり」（御書一四二二ジペー）と仰《おお》せです。一人一人が、家庭《かてい》や職場《しょくば》、地域《ちいき》で、人間の王者《おうじゃ》として聳《そび》え立《た》つことです。

戸田先生が書かれた小説《しょうせつ》『人間革命』で、主人公《しゅじんこう》の四十五歳《さい》の巌《がん》さんは胸中《きょうちゅう》で叫《さけ》びます。

「よし！　ぼくの一生は決《き》まった！　この尊《とうと》い法華経を流布《るふ》して、生涯《しょうがい》を終《お》わるのだ！」

この言葉《ことば》を通《とお》して、恩師《おんし》は、地涌《じゆ》の確信《かくしん》に立《た》ち、一切衆生《いっさいしゅじょう》の救済《きゅうさい》を願《ねが》うことが「真《しん》の人間革命」であり、「（巌《がん》さんが）心の底《そこ》から人生に惑《まど》わず、真《しん》の天命《てんめい》を知《し》った姿《すがた》こそ、人間革命の真髄《しんずい》である」と述《の》べられました。

非暴力《ひぼうりょく》の大英雄《だいえいゆう》マハトマ・ガンジー〈注8〉は、断言《だんげん》しています。

「いまからでも遅《おそ》くはない。わたしたちが目覚《めざ》めさえすれば、勝負《しょうぶ》はわたしたちのものである」

勝利《しょうり》を決《けつ》するのは我《われ》ら

さあ、わが戦友《せんゆう》であり、誉《ほま》れの同志《どうし》であり、信《しん》じてやまぬ壮年部の人間王者《おうじゃ》たちよ――

三世《さんぜ》の師弟《してい》に貫《つらぬ》かれた使命《しめい》に、いよいよ生き抜《ぬ》こうではないか！

そして、我《われ》らの手で、断固《だんこ》として創価の勝利《しょうり》を決《けっ》しようではないか！
皆《みな》、厳《げん》たる黄金柱《おうごんばしら》たれ!!

［注　解］

〈注1〉【霊山一会儼然未散《りょうぜんいちえげんねんみさん》】「霊山一会儼然《りょうぜんいちえげんぜん》として未《いま》だ散《ち》らず」と読《よ》み下《くだ》す。霊山一会《りょうぜんいちえ》とは釈尊《しゃくそん》が霊鷲山《りょうじゅせん》で法華経を説《と》いた会座《えざ》をいい、その儀式《ぎしき》はいまなお厳然《げんぜん》として散《ち》らず、永遠《えいえん》に常住《じょう》《じゅう》しているとの意《い》。「御義口伝《おんぎくでん》」（御書七五七ジペー）に引《ひ》かれている。

〈注2〉【南条兵衛七郎殿御書《なんじょうひょうえしちろうどのごしょ》】文永元年《ぶんえいがんねん》（一二六四年）十二月十三日、鎌倉《かまくら》から駿河国富士上方《するがのくにふじかみかた》上野郷《うえのごう》（静岡県富士宮市下条《ふじのみやしもじょう》）の南条兵衛七郎《なんじょうひょうえしちろう》に与《あた》えられた御消息《ごしょうそく》。当時《とうじ》、兵衛七郎《ひょうえしちろう》は病《びょう》床《しょう》にあり、日蓮大聖人は、純真《じゅんしん》な信心を貫《つらぬ》けば、死後《しご》も梵天《ぼんてん》・帝釈《たいしゃく》などに守《まも》られていくと述《の》べられ、兵衛七郎《ひょうえしちろう》を励《はげ》まされている。

〈注3〉【宗教の五綱《しゅうきょうのごこう》】五義《ごぎ》ともいう。大聖人が定《さだ》められた、仏法を弘《ひろ》めるにあたって心得《こころえ》るべき五つの規範《きはん》。「教《きょう》」「機《き》」「時《じ》」「国《こく》」「教法流布《きょうほうるふ》の先後《せんご》」の五つをいう。本抄《ほんしょう》のほかに「教機《きょうき》時国抄《じこくしょう》」（御書四三八ジペー）、「顕謗法抄《けんほうぼうしょう》」（御書四五三ジペー）で具体的《ぐたいてき》に明《あ》かされている。

〈注4〉【小松原の法難《こまつばらのほうなん》】文永元年《ぶんえいがんねん》（一二六四年）十一月十一日、日蓮大聖人が安房国東条郡《あわのくにとうじょうぐん》（千葉県鴨川市《かもがわ》）天津《あまつ》に住《す》む門下《もんか》・工藤殿《くどうどの》の邸宅《ていたく》へ向《む》かう途中《とちゅう》、地頭《じとう》の東条景信《とうじょうかげのぶ》の軍勢《ぐんぜい》に襲撃《しゅうげき》された法難《ほうなん》。門下《もんか》が死亡《しぼう》し、大聖人御自身《ごじしん》も額《ひたい》に傷《きず》を負《お》い、左手を折《お》られた。「南条兵衛七《なんじょうひょうえしち》郎殿《ろうどの》御書《ごしょ》」(御書一四九八ページ)に詳《くわ》しく述《の》べられている。

〈注5〉【臨終正念《りんじゅうしょうねん》】臨終《りんじゅう》に当《あ》たり、正しい念慮《ねんりょ》(思《おも》い・考《かんが》え)をもつこと。仏道《ぶつどう》を歩《あゆ》み続《つづ》け、成《じょう》仏《ぶつ》を確信《かくしん》し、大満足《だいまんぞく》の心で臨終《りんじゅう》を迎《むか》えること。日蓮大聖人は南条時光《なんじょうときみつ》に「故親父《こしんぷ》は武士《ぶし》なりしかども・あながちに法華経を尊《とうと》み給《たま》いしかば・臨終正念《りんじゅうしょうねん》なりけるよしうけ給《たま》わりき」(御書一五〇八ページ)と仰《おお》せである。

〈注6〉【種種御振舞御書《しゅじゅおふるまいごしょ》】建治《けんじ》二年(一二七六年)の御述作《ごじゅっさく》とされているが、詳細《しょうさい》は不明《ふめい》。文永《ぶんえい》五年(一二六八年)から建治《けんじ》二年までの九年間《ねんかん》の御自身《ごじしん》の御振《おふ》る舞《ま》いを述《の》べられている。

〈注7〉『牧口常三郎全集 八』所収、「創価教育学体系梗概」(第三文明社)。

〈注8〉【マハトマ・ガンジー】一八六九年〜一九四八年。インドの政治家《せいじか》、民族運動《みんぞくうんどう》の指導者《しどうしゃ》。一八九三年、南《みなみ》アフリカで、インド人に対《たい》する白人の人種差別《じんしゅさべつ》に反対《はんたい》し、サティヤーグラハ(真理《しんり》の把握《はあく》)と呼《よ》ぶ非暴力《ひぼうりょく》の不服従運動《ふふくじゅううんどう》を展開《てんかい》。第《だい》一次大戦後《じたいせんご》、インドに帰国《きこく》し、一九二〇年代初頭《ねんだいしょとう》からインド国民会議《こくみんかいぎ》派《は》を率《ひき》いて独立運動《どくりつうんどう》を指導《しどう》した。インド民族運動《みんぞくうんどう》の指《し》導者《どうしゃ》として、文豪《ぶんごう》タゴールにより、「マハトマ(偉大《いだい》な魂《たましい》)」と呼《よ》ばれた。引用は、『わたしの非暴力《ひぼうりょく》 二』(森本達雄訳、みすず書房)。

多宝《たほう》の輝《かがや》き——仏法史《ぶっぽうし》に燦然《さんぜん》たる大功績《だいこうせき》

「設《たと》ひこれより後《のち》に信《しん》ずる男女《なんにょ》ありとも各各《おのおの》にはかへ思《おも》ふべからず」（御書一〇八八《ジペー》）

——日蓮大聖人は、共《とも》に戦《たたか》い、共《とも》に進《すす》み、共《とも》に大難《だいなん》を越《こ》えてきた草創《そうそう》の門下《もんか》たちを、かけがえのない同志《どうし》として賞讃《しょうさん》されています。

そうした門下《もんか》の労苦《ろうく》を、「いつの世《よ》にか思《おも》い忘《わす》るべき」（御書一一九三《ジペー》）等《とう》と仰《おお》せです。

「戦《たたか》って戦《たたか》って戦《たたか》い抜《ぬ》いた人は、必《かなら》ず賞讃《しょうさん》せよ！」と、恩師《おんし》・戸田城聖《じょうせい》先生も、常《つね》に教《おし》えてくださいました。広宣流布に戦《たたか》った功労者《こうろうしゃ》を〝仏《ほとけ》の使《つか》い〟の如《ごと》く讃《たた》えることは、創価学会の伝統《でんとう》でもあります。

先駆《せんく》の同志《どうし》は創価の永遠《えいえん》の宝《たから》

私自身《じしん》も、苦楽《くらく》を共《とも》にして、一緒《いっしょ》に風雪《ふうせつ》の山坂《やまさか》を越《こ》えてきた「多宝《たほう》の同志《どうし》」のことは、決《けっ》して忘《わす》れることはできません。広布史、否《いな》、仏法史《ぶっぽうし》にも燦然《さんぜん》たる大功績《だいこうせき》の方々《かたがた》の健康《けんこう》と長寿《ちょうじゅ》とご多幸《たこう》を、月々日々に祈《いの》り続《つづ》けています。

長年《ながねん》、正しき信仰《しんこう》を貫《つらぬ》き、目《め》の前《まえ》の一人の幸福《こうふく》を祈《いの》り行動《こうどう》し、人々の安穏《あんのん》と平和《へいわ》を目指《めざ》す闘争《とうそう》を続《つづ》けてきた多宝《たほう》の光輝《こうき》を放《はな》つ先駆《せんく》の皆《みな》さまは、まさしく「創価の宝《たから》」です。

希望《きぼう》を広《ひろ》げる「未来《みらい》までの物語《ものがたり》」

その尊《とうと》き姿《すがた》が、そのまま後輩《こうはい》へ勇気《ゆうき》と確信《かくしん》を伝《つた》え、一家眷属《いっかけんぞく》へ福徳《ふくとく》を残《のこ》し、末代《まつだい》までも希望《きぼう》を与《あた》えていきます。

「宿命《しゅくめい》」を「使命《しめい》」に変《か》え、幾多《いくた》の障魔《しょうま》の嵐《あらし》を突《つ》き抜《ぬ》けて広布に邁進《まいしん》してきた賢者《けんじゃ》の人生譜《じんせいふ》が、まさしく「未来《みらい》までの・ものがたり《物語》」（御書一〇八六ジペー）として、永遠《えいえん》に輝《かがや》いていくことは、絶対《ぜったい》に間違《まちが》いありません。

ここでは、わが「多宝《たほう》の友《とも》」の方々《かたがた》と一緒《いっしょ》に、万朶《ばんだ》と咲《さ》く「大桜《おおざくら》」の下《もと》で、広布と人生を語《かた》り合《あ》う思《おも》いで、御書を拝《はい》してまいりたい。

阿仏房御書《あぶつぼうごしょ》

御文　（御書一三〇四ジペー十行目～十三行目）

聞《もん》・信《しん》・戒《かい》・定《じょう》・進《しん》・捨《しゃ》・慚《ざん》の七宝《しっぽう》を以《もっ》てかざりたる宝塔《ほうとう》なり、多宝如来《たほうにょらい》の宝塔《ほうとう》を供養《くよう》し給《たも》うかとおもへば・さにては候《そうら》はず我《わ》が身《み》を供養《くよう》し給《たも》う我《わ》が身《み》又三身即一《またさんじんそくいち》の本覚《ほんがく》の如来《にょらい》なり、かく信《しん》じ給《たま》いて南無妙法蓮華経と唱《とな》え給《たま》へ、ここさながら宝塔《ほうとう》の住処《じゅうしょ》なり、経《きょう》に云《いわ》く「法華経《ほけきょう》を説《と》くこと有《あ》らん処《ところ》は我《わ》が此《こ》の宝塔《ほうとう》其《そ》の前《まえ》に涌現《ゆげん》す」とはこれなり

現代語訳

あなたの身《み》は、聞《もん》・信《しん》・戒《かい》・定《じょう》・進《しん》・捨《しゃ》・慚《ざん》という七つの宝《たから》によって飾《かざ》られた宝塔《ほうとう》なのです。

あなたは、多宝如来《たほうにょらい》の宝塔《ほうとう》に対《たい》して供養《くよう》したかと思《おも》うかもしれませんが、そうではありません。わが身《み》に対《たい》して供養《くよう》したのです。わが身《み》が、また三身即一身《さんじんそくいっしん》の本覚《ほんがく》の如来《にょらい》なのです。このように信《しん》じて南無妙法蓮華経と唱《とな》えていきなさい。

その場《ば》がそのまま、宝塔《ほうとう》が涌現《ゆげん》する場所《ばしょ》となるのです。経文《きょうもん》に「法華経が説《と》かれる所《ところ》があれば、私（＝多宝如来《たほうにょらい》）のこの宝塔《ほうとう》は、まさに、その場《ば》に涌現《ゆげん》する」（見宝塔品第十一《けんほうとうほんだい》）と説《と》かれているのはこのことです。

誉《ほま》れの信仰《しんこう》貫《つらぬ》いた阿仏房《あぶつぼう》夫妻《ふさい》

「阿仏房御書《あぶつぼうごしょ》」〈注1〉は、大聖人が佐渡《さど》の門下《もんか》である阿仏房《あぶつぼう》に、わが身《み》こそが尊極《そんごく》なる「宝塔《ほうとう》」であることを明《あ》かされたお手紙《てがみ》です。

先師《せんし》・牧口常三郎《つねさぶろう》先生が、朱線《しゅせん》を引《ひ》き、大事《だいじ》にされていた御書です。

後《のち》に大聖人は、阿仏房《あぶつぼう》の夫人《ふじん》である千日尼《せんにちあま》に、「地頭《じとう》という地頭《じとう》、念仏者《ねんぶつしゃ》という念仏者《ねんぶつしゃ》らが、日蓮の庵室《あんしつ》に昼夜《ちゅうや》に見張《みは》りを立て、通《かよ》う人を妨《さまた》げようとしたのに、阿仏房《あぶつぼう》に（食事《しょくじ》などを入れた）櫃《ひつ》を背負《せお》わせ、夜中《よなか》にたびたび訪《たず》ねてくださったことを、いつの世に忘《わす》れることができようか。ただ日蓮の亡《な》き悲母《ひも》が佐《さ》渡《ど》の国《くに》に生《う》まれ変《か》わったのであろうか」（御書一三二三ページ、通解）と仰《おお》せになりました。夫妻《ふさい》の功労《こうろう》を最大《さいだい》に讃《たた》えられているのです。

現実《げんじつ》に夫妻《ふさい》は、「所《ところ》を追《お》われ、罰金《ばっきん》に処《しょ》せられ、家《いえ》を取《と》り上《あ》げられる」（御書一三一四ページ、通解）などの数々《かずかず》の難《なん》に直面《ちょくめん》しましたが、それでも毅然《きぜん》と誉《ほま》れの信《しん》仰《こう》を貫《つらぬ》き通《とお》しました。

どこまでも師匠《ししょう》を求《もと》め、お守《まも》りし抜《ぬ》いた阿仏房《あぶつぼう》・千日尼夫妻《せんにちあまふさい》の姿《すがた》が、私には学会の草創期《そうそうき》から、苦難《くなん》に屈《くっ》せずに地道《じみち》に信心を貫《つらぬ》いてきた「多宝《たほう》の友《とも》」と重《かさ》なってならないのです。

生命変革《せいめいへんかく》の輝《かがや》きが自身《じしん》を荘厳《そうごん》

大聖人はまず、「あなたの身《み》は、聞《もん》・信《しん》・戒《かい》・定《じょう》・進《しん》・捨《しゃ》・慚《ざん》という七つの宝《たから》によって飾《かざ》られた宝塔《ほうとう》なのです」と仰《おお》せです。

そもそも「宝塔《ほうとう》」とは一体《いったい》、何《なん》でしょうか。

法華経で釈尊《しゃくそん》の説法《せっぽう》が進《すす》み、見宝塔品《けんほうとうほん》に入《はい》ると、突然《とつぜん》、大地《だいち》から塔《とう》が出現《しゅつげん》して宙《ちゅう》に浮《う》きます。それは金《きん》・銀《ぎん》・瑠璃《るり》などの七種《しゅ》の宝《たから》で飾《かざ》られた巨大《きょだい》にして荘《そう》厳《ごん》な塔《とう》でした。

そして宝塔《ほうとう》の中にいた多宝如来《たほうにょらい》が、釈尊《しゃくそん》の説法《せっぽう》が真実《しんじつ》であると証明《しょうめい》したのです。

この御文《ごもん》の前段《ぜんだん》では、宝塔《ほうとう》とは末法《まっぽう》において法華経を持《たも》つ男女の姿《すがた》そのものであり、「阿仏房《あぶつぼう》さながら宝塔《ほうとう》・宝塔《ほうとう》さながら阿仏房《あぶつぼう》」（御書一三〇四ジペー）と、阿《あ》仏房《ぶつぼう》が、そのまま宝塔《ほうとう》であることを明《あ》かされます。

そして宝塔《ほうとう》は現実《げんじつ》の人間の生命《せいめい》に他《ほか》ならず、経文上《きょうもんじょう》の金《きん》・銀《ぎん》・瑠璃《るり》などの七《しっ》宝《ぽう》もまた、自身《じしん》の身《み》に即《そく》した輝《かがや》きとなる。「聞《もん》・信《しん》・戒《かい》・定《じょう》・進《しん》・捨《しゃ》・慚《ざん》」という七つの宝《たから》によって、わが身《み》が荘厳《そうごん》されると示《しめ》されているのです。

これは仏道修行《ぶつどうしゅぎょう》の七つの要件《ようけん》であり、聞法《もんぽう》、信受《しんじゅ》、持戒《じかい》、禅定《ぜんじょう》、精進《しょうじん》、捨《しゃ》離《り》、慚愧《ざんき》のことです。

すなわち、妙法を聞き《き》（聞《もん》）、妙法を信じ《しん》（信《しん》）、妙法の戒《かい》を持ち《たも》（戒《かい》）、妙法を根本《こんぽん》に心を定め《さだ》（定《じょう》）、精進《しょうじん》し（進《しん》）、信心を第一《だいいち》としてわがままを捨《す》て（捨《しゃ》）、反省《はんせい》すべきは反省《はんせい》してたゆまず前進《ぜんしん》する（慚《ざん》）ことが、わが身《み》を飾る宝《たから》であるということです。

今日《こんにち》で言え《い》ば、この七つの仏道修行《ぶつどうしゅぎょう》の要件《ようけん》は、そのまま全《すべ》て、「人間革命」の指標《しひょう》であり、日々の学会活動《かつどう》に具《そな》わっています。

各地《かくち》で、世界で「多宝会《たほうかい》」が結成《けっせい》

なかでも、長年《ながねん》にわたって地道《じみち》に信行《しんぎょう》を貫《つらぬ》いてきた多宝会《たほうかい》の友《とも》の存在《そんざい》は、誠《まこと》に尊貴《そんき》であり、その功績《こうせき》も功徳《くどく》も燦然《さんぜん》と輝《かがや》きわたっています。

初《はじ》めて多宝会《たほうかい》が結成《けっせい》されたのは一九八八年（昭和六十三年）の十一月、先駆《せんく》・九州の天地《てんち》です。以来《いらい》、この自発的《じはつてき》な波《なみ》は、日本全国へと広《ひろ》がっていきました。東京では「宝寿会《ほうじゅかい》」、関西では「錦宝会《きんぽうかい》」、そして全国に「多宝会《たほうかい》」が発足《ほっそく》していったのです。

私は本当《ほんとう》に嬉《うれ》しく、また頼《たの》もしく、後輩《こうはい》の模範《もはん》となって進《すす》む姿《すがた》を見つめてきました。

そして、「多宝《たほう》の友《とも》」は世界各国《かっこく》でも尊《とうと》きスクラムを組《く》んでいます。アメリカでは今、「メニートレジャー・グループ」、ドイツでは「ゴールデナー・ヘルプスト」（錦秋会《きんしゅうかい》）として、意気軒高《いきけんこう》と輝《かがや》く人生を飾《かざ》っています。

豊《ゆた》かな「知恵《ちえ》」と「経験《けいけん》」に期待《きたい》

皆《みな》さまには、新《あら》たな気概《きがい》で活動《かつどう》し、悔《く》いなき人生の総仕上《そうしあ》げを立派《りっぱ》に果《は》たしていただきたいと、心から念願《ねんがん》しています。それとともに、私は、創価学会の多宝会《たほうかい》は「高齢社会《こうれいしゃかい》」即《そく》「幸齢社会《こうれいしゃかい》」の良《よ》き創造者《そうぞうしゃ》として、「成熟社会《せいじゅくしゃかい》」即《そく》「充実社会《じゅうじつしゃかい》」の建設《けんせつ》の模範《もはん》としての使命《しめい》があると捉《とら》えてきました。

私が対談《たいだん》した未来学者《みらいがくしゃ》へイゼル・ヘンダーソン博士〈注2〉は述《の》べています。「人口の高齢化《こうれいか》は、見方《みかた》を変《か》えれば、社会《しゃかい》が成熟《せいじゅく》しつつあるということでしょう。人口の減少《げんしょう》や高齢化《こうれいか》を社会《しゃかい》にとっての悪《あく》と考《かんが》える意見《いけん》には、私は反対《はんたい》です。成熟《せいじゅく》した社会《しゃかい》は、今《いま》よりもっと心の寛大《かんだい》な社会《しゃかい》になれますし、いろいろな意味《いみ》で世界《せかい》にリーダーシップを示《しめ》すことのできる社会《しゃかい》であると思《おも》います」

高齢社会《こうれいしゃかい》を〝成熟《せいじゅく》した社会建設《しゃかいけんせつ》へのチャンス〟と捉《とら》え、だからこそ心の寛大《かんだい》な社会《しゃかい》になりうると指摘《してき》されているのです。そして博士は、その希望《きぼう》のモデルこそ創価学会であると、期待《きたい》を寄《よ》せてくださっています。

その意味《いみ》からも、激動《げきどう》する社会《しゃかい》の中を懸命《けんめい》に生き抜《ぬ》かれてきた多宝《たほう》の方々《かたがた》の豊《ゆた》かな「知恵《ちえ》」と「経験《けいけん》」を、どう生かしていくかです。

年配者《ねんぱいしゃ》を尊敬《そんけい》する社会《しゃかい》は繁栄《はんえい》

釈尊《しゃくそん》は、年長者《ねんちょうしゃ》を大切《たいせつ》にする人は、自《みずか》らが「寿命《じゅみょう》」と「美《うつく》しさ」と「楽《たの》しみ」と「力《ちから》」を増《ま》していくと説《と》きました〈注3〉。

大聖人も、年配《ねんぱい》の方々《かたがた》を尊重《そんちょう》していくことを強調《きょうちょう》されています。

「周《しゅう》の文王《ぶんおう》は老《おい》たる者《もの》をやしなひていくさ《軍》に勝《か》ち、其《そ》の末《すえ》・三十七代《さんじゅうしちだい》・八百《はっぴゃく》年《ねん》の間《あいだ》すゑ《末》ずゑ《末》には・ひが事《ごと》ありしかども根本《こんぽん》の功《こう》によりてさかへ《栄》させ給《たも》ふ」（御書一二五〇ジ《ペー》）

中国の歴史《れきし》を俯瞰《ふかん》され、周《しゅう》の創始者《そうししゃ》である文王《ぶんおう》が老人《ろうじん》を大切《たいせつ》にする有徳《うとく》の人だったので、周王朝《しゅうおうちょう》が長期《ちょうき》にわたって繁栄《はんえい》したことを教《おし》えられているのです。

この洞察《どうさつ》は、高齢化《こうれいか》が進《すす》む現代社会《げんだいしゃかい》にあって、いやまして示唆《しさ》に富《と》んでいます。そして、大聖人の御指南《ごしなん》を体現《たいげん》した創価の多宝《たほう》の生き方が、人類《じんるい》を照《て》らす新《あたら》しい哲学《てつがく》の光源《こうげん》として輝《かがや》きを放《はな》っていくことは間違《まちが》いありません。

「心の財《たから》」だけは壊《こわ》されない

むろん、生身《なまみ》の体《からだ》であるがゆえに、加齢《かれい》とともに思《おも》うように体《からだ》が動《うご》かなくなったと感《かん》じることもあります。病《やまい》と懸命《けんめい》に闘《たたか》っている同志《どうし》もいます。配偶者《はいぐうしゃ》を亡《な》くされたり、独《ひと》り暮《ぐ》らしをされている方《かた》も少《すく》なくありません。

大聖人は御自《おんみずか》ら六十歳《さい》を前《まえ》に、「既《すで》に生《しょう》を受《う》けて齢六旬《としろくじゅん》に及《およ》ぶ老又疑《ろうまたうたが》い無《な》し只残《ただのこ》る所《ところ》は病死《びょうし》の二句《にく》なるのみ」（御書一三二七ページ）と仰《おお》せられ、生老病死《しょうろうびょうし》は誰《たれ》人《びと》も避《さ》けられないことを示《しめ》してくださっています。とりわけ現代《げんだい》は、寿命《じゅみょう》が延《の》びた分《ぶん》、老病死《ろうびょうし》の課題《かだい》も増《ふ》えている。

しかし、どんな状況《じょうきょう》にあっても、ひとたび妙法に縁《えん》し、広宣流布の世界に連《つら》なった「心の財《たから》」だけは断《だん》じて壊《こわ》されません。生命《せいめい》に積《つ》まれた「心の財《たから》」は永《えい》遠《えん》に不滅《ふめつ》です。

「蔵《くら》の財《たから》」「身《み》の財《たから》」は今世限《こんぜかぎ》りの徳《とく》です。一方《いっぽう》で、「心の財《たから》」は三世《さんぜ》にわたり、わが金剛不壊《こんごうふえ》の生命《せいめい》を生々《しょうじょう》世々に荘厳《そうごん》するのです。

ですから、妙法を持《たも》った人は、絶対《ぜったい》に守《まも》られていく。一族《いちぞく》や一家《いっか》の転重軽《てんじゅうきょう》受《じゅ》・宿命転換《しゅくめいてんかん》も担《にな》い、変毒為薬《へんどくいやく》して、子孫末代《しそんまつだい》までの福徳《ふくとく》を築《きず》き残《のこ》しているのです〈注4〉。人生の総仕上《そうしあ》げにあって、「心の財《たから》」を積《つ》み上《あ》げてきたことこそが、揺《ゆ》るがぬ福運《ふくうん》の証《あか》しであり、真実《しんじつ》の絶対的幸福境涯《ぜったいてきこうふくきょうがい》の確立《かくりつ》なのです。

わが身《み》が尊極《そんごく》との確信《かくしん》を

大聖人は、阿仏房《あぶつぼう》が多宝如来《たほうにょらい》の宝塔《ほうとう》を供養《くよう》すると思《おも》うかもしれないが、実《じつ》は自分自身《じぶんじしん》を供養《くよう》するのであると仰《おお》せです。わが身《み》こそが最極《さいごく》の宝塔《ほうとう》だからです。

わが身《み》がどれほど尊極《そんごく》なのかといえば、「三身即一《さんじんそくいち》の本覚《ほんがく》の如来《にょらい》」であると明《あ》かされています。すなわち法身《ほっしん》・報身《ほうしん》・応身《おうじん》の三身《さんじん》〈注5〉を、わが一身《いっしん》に具《そな》え、本来的《ほんらいてき》に覚《さと》りを具《そな》えている仏《ほとけ》であるということです。

大聖人はこのように、自身《じしん》が宝塔《ほうとう》であり、仏《ほとけ》であると、心から深《ふか》く確信《かくしん》して題目を唱《とな》えていくよう打《う》ち込《こ》まれています。

自分《じぶん》がいる場所《ばしょ》が宝塔《ほうとう》の住処《じゅうしょ》

「ここさながら宝塔《ほうとう》の住処《じゅうしょ》なり」です。

宝塔《ほうとう》が立《た》つ場所《ばしょ》は、どこか遠《とお》くの彼方《かなた》ではない、ということです。南無妙法蓮華経の題目を唱《とな》えている現在《げんざい》の場所《ばしょ》こそが、宝塔《ほうとう》の住処《じゅうしょ》になるのです。

今《いま》、自分《じぶん》が居《い》る場所《ばしょ》こそが「宝土《ほうど》」です。「此《ここ》を去《さ》って彼《かしこ》に行《い》くには非《あら》ざるなり」（御書七八一ページ）と仰《おお》せです。わが国土《こくど》こそ常寂光土《じょうじゃっこうど》なりと定《さだ》め、三変土《さんぺんど》田《でん》〈注6〉を目指《めざ》し、立正安国《りっしょうあんこく》の行動《こうどう》を貫《つらぬ》いていくのです。

新池御書《にいけごしょ》

御文

（御書一四四〇ページ五行目〜七行目）

始《はじめ》より終《おわ》りまで弥《いよいよ》信心《しんじん》をいたすべし・さなくして後悔《こうかい》や

あらんずらん、譬《たと》えば鎌倉《かまくら》より京《きょう》へは十二日《じゅうににち》の道《みち》なり、それを十一日余《じゅういちにちあま》り歩《あゆみ》をはこび《運》て今一日《いまいちにち》に成《な》りて歩《あゆみ》をさしをきては何《なん》として都《みやこ》の月《つき》をば詠《なが》め候《そうろう》べき、何《なん》としても此《こ》の経《きょう》の心をしれる僧《そう》に近《ちか》づき弥《いよいよ》法《ほう》の道理《どうり》を聴聞《ちょうもん》して信心《しんじん》の歩《あゆみ》を運《はこ》ぶべし

現代語訳

始《はじ》めから終《お》わりまで、いよいよ信心をすべきである。そうでなければ後悔《こうかい》するであろう。

例《たと》えば、鎌倉《かまくら》から京都《きょうと》までは十二日の道《みち》のりである。それを十一日余《あま》り歩《ある》いて、あと一日となった時《とき》に歩《ある》くのをやめたのでは、どうして都《みやこ》の月を詠《えい》ずることができようか。

なんとしても、この経《きょう》（法華経）の心を知《し》っている僧《そう》（仏法の指導《しどう》

者《しゃ》）に近《ちか》づいて、いよいよ仏法の道理《どうり》に耳を傾《かたむ》けて、信心の歩《あゆ》みを運《はこ》んでいくべきである。

末法流布《まっぽうるふ》に生《う》まれあわせた喜《よろこ》び

「新池御書《にいけごしょ》」〈注7〉の冒頭《ぼうとう》では、「うれしきかな末法流布《まっぽうるふ》に生《うま》れあへる我《われ》等《ら》」（御書一四三九ジペー）と、末法《まっぽう》という法華経流布《るふ》の時《とき》に生《う》まれあわせた喜《よろこ》びを教《おし》えられています。

そのうえで、「始《はじめ》より終《おわ》りまで弥《いよいよ》信心《しんじん》をいたすべし・さなくして後悔《こうかい》やあらんずらん」と厳然《げんぜん》と仰《おお》せです。

最後《さいご》まで貫《つらぬ》いてこそ真《まこと》の信心です。たとえ青年時代《じだい》に頑張《がんば》った、また、何十年も活動《かつどう》に励《はげ》んできたとしても、〝これだけやったから〟と、「信心の歩《あゆ》み」を止《と》めてはならない。ましてや退転《たいてん》だけは、断《だん》じてしてはならない。

「いよいよ！」「さあ、これから！」との心意気《こころいき》で生き抜《ぬ》いていく姿《すがた》それ自体《じたい》に、仏《ほとけ》の心があります。その一歩一歩《いっぽいっぽ》が、人生の総決算《そうけっさん》へ勝利《しょうり》の歩《あゆ》みとなっていくのです。

アメリカの民衆詩人《みんしゅうしじん》ホイットマン〈注8〉は最晩年《さいばんねん》、「まだまだ勝負《しょうぶ》はこれからだ、一つ元気《げんき》いっぱい頑《がん》ばろう」と詠《うた》いました。

私たちも、どんなに年齢《ねんれい》を重《かさ》ねたとしても、意気盛《いきさか》んでありたい。励《はげ》まし合《あ》っていきたい。声《こえ》をかけ合《あ》い、支《ささ》え合《あ》っていきたい。そこにこそ尽《つ》きることなき喜《よろこ》びも、充実《じゅうじつ》も、福徳《ふくとく》も湧《わ》き上がっていくからです。

牧口先生も、五十七歳《さい》で信心を始《はじ》められ、六十歳《さい》、七十歳《さい》を超《こ》えても、果敢《かかん》に折伏《しゃくぶく》に歩《ある》き、仏法の正義《せいぎ》を語《かた》り抜《ぬ》かれました。

その牧口先生と、ある外交官《がいこうかん》の長老《ちょうろう》が『価値論《かちろん》』をめぐって忌憚《きたん》なく語《かた》り合《あ》う場面《ばめん》を、戸田先生は小説《しょうせつ》『人間革命』で綴《つづ》られたことがあります。二時間あまりも熱《ねつ》を込《こ》めて語《かた》る二人を見た主人公《しゅじんこう》の巌《がん》さんの眼《め》には、「肉体《にくたい》は老《お》いても、精神《せいしん》の若《わか》い老人《ろうじん》がおり、肉体《にくたい》は若《わか》くとも、感激《かんげき》、感動《かんどう》を失《うしな》い、老《お》いた心を持《も》っている若者《わかもの》が大勢《おおぜい》いる」と映《うつ》っていたのです。

まさに、「年《とし》は・わかうなり《若》福《ふく》はかさなり候《そうろう》べし」（御書一一三五ページ）と仰《おお》せの通《とお》りです。

私たちも、共々《ともども》に精神《せいしん》も若《わか》く、日々の学会活動《かつどう》の中で、また日々の生活《せいかつ》の中でも感動《かんどう》し、感激《かんげき》する人生を生きていきたいものです。

「今《いま》一日」で歩《あゆ》みをやめるな

「新池御書《にいけごしょ》」の続《つづ》く御文で、大聖人は、当時《とうじ》、十二日がかりの長旅《ながたび》だった鎌《かま》倉《くら》から京都《きょうと》への道《みち》のりも、あと一日になって歩《ある》くのをやめてしまえば、京都《きょうと》にたどり着《つ》くことができないと述《の》べられています。そして、どこまでも法華経の心を知《し》っている善知識《ぜんちしき》の存在《そんざい》を求《もと》めて、信心の歩《あゆ》みを運《はこ》ぶよう教《おし》えられています。

現代《げんだい》において、現実《げんじつ》に大聖人の仰《おお》せ通《どお》り広宣流布を進《すす》めている創価学会から離《はな》れては、仏道修行《ぶつどうしゅぎょう》を成就《じょうじゅ》することはできません。

自他共《じたとも》の一生成仏《いっしょうじょうぶつ》のためには、どこまでも信心一筋《ひとすじ》に、学会と共《とも》に生き抜《ぬ》くことです。「生涯求道《しょうがいきゅうどう》」「生涯挑戦《しょうがいちょうせん》」「生涯闘争《しょうがいとうそう》」です。

ゆえに、「今《いま》一日」「あと一日」における信心が大事《だいじ》です。純一無二《じゅんいつむに》の信心で、自身《じしん》の広布と人生の総仕上《そうしあ》げをしていくのです。

常楽我浄《じょうらくがじょう》の確固《かっこ》たる生命《せいめい》の軌道《きどう》

戸田先生は、最後《さいご》の最後《さいご》まで毅然《きぜん》と広宣流布の炎《ほのお》を燃《も》やされました。

「学会の組織《そしき》は、この戸田の命《いのち》だ。どこまでも広宣流布のための、清《きよ》らかな信心の組織《そしき》でなければならない」

「厳然《げんぜん》と、大聖人の仏法の命脈《めいみゃく》を保《たも》ったのが、牧口先生であり、創価学会なのだ」「邪悪《じゃあく》とは、断固《だんこ》、戦《たたか》え」「追撃《ついげき》の手をゆるめるな！」と、広宣流布の指揮《しき》を凜然《りんぜん》と執《と》り続《つづ》け、仏勅《ぶっちょく》の和合僧《わごうそう》たる創価の世界を守《まも》り抜《ぬ》いてくださいました。

この不屈《ふくつ》の闘志《とうし》みなぎる創価の師子王《ししおう》の信心を受《う》け継《つ》いでいるのが、わが多《た》宝《ほう》の同志《どうし》です。常《つね》に「今《いま》一日」を戦《たたか》い抜《ぬ》く心で前進《ぜんしん》していくことが、臨終正念《りんじゅうしょうねん》〈注9〉の勝利《しょうり》の総仕《そうし》上《あ》げを約束《やくそく》し、三世永遠《さんぜえいえん》の常楽我浄《じょうらくがじょう》〈注10〉の確固《かっこ》たる生《せい》命《めい》の軌道《きどう》を築《きず》いていくのです。

地道《じみち》に着実《ちゃくじつ》に一日一日を丹念《たんねん》に

しかし、それは何《なに》か特別《とくべつ》なことを実践《じっせん》しなければならないわけではありません。

「朝朝《ちょうちょう》・仏《ほとけ》と共《とも》に起《お》き夕夕《せきせき》仏《ほとけ》と共《とも》に臥《ふ》し」（御書七三七ジページ）です。

きょう一日、明日《あす》一日と、地道《じみち》に着実《ちゃくじつ》に、伸《の》び伸《の》びと、また朗《ほが》らかに、信心の歩《あゆ》みを進《すす》めればいいのです。

平凡《へいぼん》に思《おも》える毎日《まいにち》の中に、必《かなら》ず信仰《しんこう》の喜《よろこ》びや感謝《かんしゃ》がある。思《おも》うように動《うご》けなくなっても、電話《でんわ》や手紙《てがみ》で人々を励《はげ》ますことができる。皆《みな》の幸福《こうふく》と勝利《しょうり》を祈《いの》って唱題《しょうだい》することもできます。皆《みな》さまの存在《そんざい》そのものが光《ひかり》なのです。

日々の暮《く》らしの中に、御本尊への信仰《しんこう》があれば、そして、師匠《ししょう》と共《とも》に、学会同志《どうし》と共《とも》にいれば、何《なん》の心配《しんぱい》も恐《おそ》れもない。これこそ絶対《ぜったい》の安心《あんしん》、安穏《あんのん》の世界です。

何《なに》があろうと、崩《くず》れぬ幸福《こうふく》をつかむための信仰《しんこう》です。

「自身法性《じしんほっしょう》の大地《だいち》を生死生死《しょうじしょうじ》と転《め》ぐり行くなり」（御書七二四ジペー）と仰《おお》せのごとく、生《せい》も死《し》も歓喜《かんき》の連続《れんぞく》のままに生命の大地《だいち》をめぐり、永遠《えいえん》に旅《たび》するための仏法です。

共々《ともども》に一生成仏《いっしょうじょうぶつ》の大道《だいどう》を

妙法は、「生死《しょうじ》の長夜《ちょうや》を照《てら》す大燈《だいとう》」（御書九九一ジペー）です。

「きょうの広布誓願《せいがん》の一日」の積《つ》み重《かさ》ねが、究極《きゅうきょく》の「現世《げんぜ》安穏《あんのん》・後生善処《ごしょうぜんしょ》」〈注11〉、また、真実《しんじつ》の「不老不死《ふろうふし》」の大境涯《だいきょうがい》、そして、「在在諸仏土常与師倶《ざいざいしょぶつどじょうよしぐ》生《しょう》」〈注12〉の使命《しめい》の永続《えいぞく》を約束《やくそく》するのです。

さあ、「第三の人生」の本舞台《ほんぶたい》で、共々《ともども》に一生成仏《いっしょうじょうぶつ》の大道《だいどう》を、一歩《いっぽ》また一歩《いっぽ》と、前《まえ》へ前《まえ》へと進《すす》んでいこうではありませんか!

[注解]

〈注1〉【阿仏房御書《あぶつぼうごしょ》】佐渡《さど》の門下《もんか》である阿仏房《あぶつぼう》が、法華経の宝塔涌現《ほうとうゆげん》の意義《いぎ》を質問《しつもん》したことに対《たい》しての御返事《ごへんじ》。宝塔《ほうとう》とは御本尊のことで、南無妙法蓮華経と唱《とな》える者《もの》はその身《み》が宝塔《ほうとう》であり、多宝如来《たほうにょらい》であると述《の》べられ、阿仏房《あぶつぼう》を「北国《ほっこく》の導師《どうし》」とされ、深《ふか》い信心を賞讃《しょうさん》されている。

〈注2〉【ヘイゼル・ヘンダーソン博士】アメリカの未来学者《みらいがくしゃ》。環境問題《かんきょうもんだい》の市民運動《しみんうんどう》から出発《しゅっぱつ》し、世界を舞台《ぶたい》に多彩《たさい》な平和運動《へいわうんどう》を展開《てんかい》。本文の引用《いんよう》は、池田先生との対談集《たいだんしゅう》『地球対談《ちきゅうたいだん》　輝《かがや》く女性《じょせい》の世紀《せいき》へ』(『池田大作全集』第114巻所収《かんしょしゅう》)から。

〈注3〉『ブッダの真理《しんり》のことば　感興《かんきょう》のことば』(中村元訳、岩波書店)から。

〈注4〉「転重軽受《てんじゅうきょうじゅ》」は、正法《しょうほう》を護持《ごじ》する功徳《くどく》によって、過去世《かこせ》の重罪《じゅうざい》を転《てん》じて、現世《げんぜ》で軽《かる》くその報《むく》いを受《う》けること。「宿命転換《しゅくめいてんかん》」は、定《さだ》まって変《か》えがたいと思《おも》われる運命《うんめい》であっても、正しい仏法の実践《じっせん》によって転換《てんかん》できること。「変毒為薬《へんどくいやく》」は、妙法の力《ちから》によって、苦悩《くのう》に支配《しはい》された生命《せいめい》を、仏《ほとけ》の生命《せいめい》へと転換《てんかん》すること。

〈注5〉【法身《ほっしん》・報身《ほうしん》・応身《おうじん》の三身《さんじん》】仏《ほとけ》の三種《しゅ》の特性《とくせい》のこと。法身《ほっしん》とは、仏《ほとけ》が覚《さと》った真実《しんじつ》・真理《しんり》のこと。報身《ほうしん》とは、最高《さいこう》の覚《さと》りの智慧《ちえ》をはじめ、仏《ほとけ》と成《な》った報《むく》いとして得《え》た種々《しゅじゅ》の優《すぐ》れた特《とく》性《せい》。応身《おうじん》とは、人々を苦悩《くのう》から救《すく》うために、それぞれに応《おう》じて現実《げんじつ》に表《あらわ》した姿《すがた》で、慈悲《じひ》の側面《そくめん》をいう。

〈注6〉【三変土田《さんぺんどでん》】法華経見宝塔品第十一《けんほうとうほんだい》で、釈尊自《しゃくそんみずか》らが三度《ど》、娑婆世界《しゃばせかい》を変《へん》じて浄化《じょうか》し、同《おな》じ一つの浄土《じょうど》としたこと。「土田《どでん》」とは国土《こくど》・土地《とち》・場所《ばしょ》の意《い》。

〈注7〉【新池御書《にいけごしょ》】遠江国《とおとうみのくに》（静岡県西部《せいぶ》）付近《ふきん》に住《す》む門下《もんか》・新池殿《にいけどの》に与《あた》えられたとされる御消《ごしょう》息《そく》。法華経流布《るふ》の末法《まっぽう》に生《う》まれ合《あ》わせたことを喜《よろこ》び、信心こそ成仏《じょうぶつ》の根本《こんぽん》であるとし、怠《おこた》らず励《はげ》むよう指導《しどう》されている。

〈注8〉【ホイットマン】一八一九年～九二年。アメリカの詩人《しじん》。植字工《しょくじこう》や新聞記者《しんぶんきしゃ》などをしながら、詩《し》や小説《しょうせつ》を執筆《しっぴつ》。詩集《ししゅう》『草《くさ》の葉《は》』の増補《ぞうほ》・改訂《かいてい》を生涯続《しょうがいつづ》ける。自由《じゆう》な形式《けいしき》で人間讃歌《さんか》を謳《うた》い、アメリカ・ルネサンスの旗手《きしゅ》として、思想《しそう》・文学に大きな影響《えいきょう》をあたえた。引用は、『草《くさ》の葉《は》（下）』所収《しょしゅう》「老年《ろうねん》の船《ふね》と油断《ゆだん》のならぬ死《し》の船《ふね》と」（酒本雅之訳、岩波書店）。

〈注9〉【臨終正念《りんじゅうしょうねん》】仏道《ぶつどう》を歩《あゆ》み続《つづ》け成仏《じょうぶつ》を確信《かくしん》し、大満足《だいまんぞく》の心で臨終《りんじゅう》を迎《むか》えること。

〈注10〉【常楽我浄《じょうらくがじょう》】仏《ほとけ》の生命《せいめい》に具《そな》わる徳目《とくもく》。常《じょう》とは、仏《ほとけ》が完全《かんぜん》な永遠性《えいえんせい》を実現《じつげん》していること。楽《らく》とは、完全《かんぜん》な安楽《あんらく》。我《が》とは、完全《かんぜん》な主体性《しゅたいせい》。浄《じょう》とは、完全《かんぜん》な清《きよ》らかさをいう。

〈注11〉【現世安穏《げんぜあんのん》・後生善処《ごしょうぜんしょ》】法華経薬草喩品第五《やくそうゆほんだい》の文《もん》。法華経を信受《しんじゅ》する者《もの》は、現世《げんぜ》では安穏《あんのん》な境涯《きょうがい》となり、未来世《みらいせ》においては必《かなら》ず善処《ぜんしょ》に生まれるということ。

〈注12〉【在在諸仏土常与師倶生《ざいざいしょぶつどじょうよしぐしょう》】法華経化城喩品《けじょうゆほん》第《だい》七には、「在在《いたるところ》の諸仏《しょぶつ》の土《ど》に　常《つね》に師《し》と倶《とも》に生《しょう》ず」（法華経三一七ページ）とある。師匠《ししょう》と弟子《でし》は、下種《げしゅ》の結縁《けちえん》によって、あらゆる仏国土《ぶっこくど》にあって、いつも一緒《いっしょ》に生まれるということ。

若《わか》き普賢《ふげん》――「生命尊厳《せいめいそんげん》の時代《じだい》」築《きず》く智勇《ちゆう》の指導者《しどうしゃ》

「悪人《あくにん》の敵《てき》になり得《う》る勇者《ゆうしゃ》でなければ善人《ぜんにん》の友《とも》とはなり得《え》ぬ」〈注1〉――先師《せんし》・牧口常三郎《つねさぶろう》先生は喝破《かっぱ》されました。

歴史上《れきしじょう》、どれほど、善良《ぜんりょう》な庶民《しょみん》が圧迫《あっぱく》され、幸《しあわ》せになるべき権利《けんり》をもった人々が虐《しいた》げられてきたか。

創価学会は、人々を蹂躙《じゅうりん》する一切《いっさい》の魔性《ましょう》と戦《たたか》い、どこまでも、「善人《ぜんにん》」を守《まも》りゆく「勇者《ゆうしゃ》」の闘争《とうそう》を貫《つらぬ》いてきました。これが、創価三代を貫《つらぬ》く魂《たましい》です。

友《とも》の生命《せいめい》に確信《かくしん》と勇気《ゆうき》の灯《ひ》を

一九五七年（昭和三十二年）六月、北海道で起《お》きた「夕張炭労事件《ゆうばりたんろうじけん》」の時《とき》もそうでした。

炭鉱《たんこう》で必死《ひっし》に働《はたら》く健気《けなげ》な学会員とその家族《かぞく》が、理不尽《りふじん》にも、夕張《ゆうばり》の炭労《たんろう》（炭《たん》鉱労働組合《こうろうどうくみあい》）から村八分同然《むらはちぶどうぜん》の仕打《しう》ちを受《う》け、信仰《しんこう》を捨《す》てるように強要《きょうよう》されたのです。

恩師《おんし》・戸田城聖《じょうせい》先生の心を体《たい》し、北海《ほっかい》の地《ち》に飛《と》び込《こ》んだ私は、青年らしく先《せん》頭《とう》に立って行動《こうどう》しました。

そして、同志《どうし》の家々《いえいえ》を駆《か》け巡《めぐ》って力《ちから》の限《かぎ》り訴《うった》えました。

「共《とも》に戦《たたか》いましょう！」

「絶対《ぜったい》に負《ま》けてはなりません！」

一軒《いっけん》、また一軒《いっけん》と、真面目《まじめ》に信仰《しんこう》に励《はげ》む庶民《しょみん》の中に分《わ》け入《い》って、友《とも》の生命《せいめい》に確信《かくしん》と勇気《ゆうき》の火を灯《とも》していきました。

私に大阪府警《ふけい》から無実《むじつ》の容疑《ようぎ》で出頭《しゅっとう》の要請《ようせい》がきたのは、その最中《さなか》のことでした。あの「大阪事件《じけん》」〈注2〉です。

「私が創《つく》りたかった組織《そしき》」

まさに権力《けんりょく》が非道《ひどう》な牙《きば》を剝《む》いてきた、この渦中《かちゅう》に、学生部は産声《うぶごえ》を上げました。

六月三十日、戸田先生が出席《しゅっせき》され、男女学生の約五百人が集《つど》い、東京・麻布《あざぶ》公会堂《こうかいどう》（当時）で結成大会《けっせいたいかい》が開催《かいさい》されたのです。

先生は、「ただ嬉《うれ》しい」と喜《よろこ》ばれました。「私が、どうしても創《つく》りたかった組《そ》織《しき》だよ」とも語《かた》られた学生部の誕生《たんじょう》です。

私は、その日の朝《あさ》、北海道から、〝新《あたら》しき世紀《せいき》を担《にな》う秀才《しゅうさい》の集《つど》いたる学生部結成大会《けっせいたいかい》、おめでとう。戸田先生のもとから、勇《いさ》んで巣立《すだ》ちゆけ〟と、祝福《しゅくふく》の電報《でんぽう》を送《おく》りました。

「生命尊厳《せいめいそんげん》の時代《じだい》」を創出《そうしゅつ》

出発《しゅっぱつ》の歴史《れきし》に鋭《するど》く刻印《こくいん》された学生部の使命《しめい》――それは、どこまでも、民衆《みんしゅう》と共《とも》に生き、民衆《みんしゅう》を守《まも》り抜《ぬ》き、民衆《みんしゅう》のために戦《たたか》い切《き》る、妙法の指導者《しどうしゃ》に成長《せいちょう》することです。

恩師《おんし》は、厳《げん》とつづられました。

「仏法は、だれ一人をも苦《くる》しめない、あらゆる民衆《みんしゅう》の苦《くる》しみをば救《すく》うというのが根本《こんぽん》であり、今《いま》一つの根本《こんぽん》は、あらゆる民衆《みんしゅう》に楽《たの》しみをあたえることであり、仏《ほとけ》の慈悲《じひ》というのは、これをいうのである」

まさしく、抜苦与楽《ばっくよらく》の慈悲《じひ》と人間主義《しゅぎ》の哲理《てつり》で、民衆《みんしゅう》の幸福《こうふく》と地球《ちきゅう》の平和《へいわ》を築《きず》き、「生命尊厳《せいめいそんげん》の時代《じだい》」を創出《そうしゅつ》することこそ、仏法者としての私たちの願《ねが》いであり、なかんずく、わが愛《あい》する学生部の永遠《えいえん》の原点《げんてん》です。

ここでは、「希望《きぼう》の新時代《しんじだい》」を築《きず》きゆく、普賢《ふげん》の勇者《ゆうしゃ》の崇高《すうこう》なる使命《しめい》について、未来を託《たく》す思《おも》いで一緒《いっしょ》に学んでいきます。

御義口伝《おんぎくでん》

御　文

（御書七八〇ジペー五行目〜七行目）

御義口伝《おんぎくでん》に云《いわ》く勧発《かんぼつ》とは勧《かん》は化他《けた》発《ぼつ》は自行《じぎょう》なり、普《ふ》とは諸《しょ》法実相《ほうじっそう》・迹門《しゃくもん》の不変真如《ふへんしんにょ》の理《り》なり、賢《げん》とは智慧《ちえ》の義《ぎ》なり本門《ほんもん》の随縁真如《ずいえんしんにょ》の智《ち》なり、然《しか》る間《あいだ》経末《きょうまつ》に来《きた》って本迹《ほんじゃく》二門《にもん》を恋法《れんぽう》し給《たま》えり、所詮今日蓮《しょせんいまにちれん》等の類《たぐ》い南無妙法蓮華経と唱《とな》え奉《たてまつ》る者《もの》は普賢菩薩《ふげんぼさつ》の守護《しゅご》なり云云《うんぬん》

現代語訳

「御義口伝《おんぎくでん》」には、こう仰《おお》せである。

勧発《かんぼつ》の「勧《かん》」とは化他行《けたぎょう》、「発《ぼつ》」とは自行《じぎょう》である。（普賢《ふげん》の）「普《ふ》」とは諸法実相《しょほうじっそう》を意味《いみ》し、迹門《しゃくもん》の不変真如《ふへんしんにょ》の理《り》をあらわす。「賢《げん》」とは智《ち》慧《え》の義《ぎ》であり、本門《ほんもん》の随縁真如《ずいえんしんにょ》の智《ち》をあらわす。

したがって、法華経二十八品の末《まつ》に来《き》て、本迹二門《ほんじゃくにもん》を恋法《れんぽう》しているのである。

所詮《しょせん》、今《いま》、日蓮とその弟子《でし》として、南無妙法蓮華経と唱《とな》えるものは、普賢菩薩《ふげんぼさつ》の守護《しゅご》を受《う》けることができるのである。

呼《よ》び出《いだ》された〝創価の普賢菩薩《ふげんぼさつ》〟

「普賢菩薩《ふげんぼさつ》」は、法華経の最終章《さいしゅうしょう》「普賢菩薩勧発品第二十八《ふげんぼさつかんぼっぽんだい》」に登場《とうじょう》する菩《ぼ》薩《さつ》です。

「普賢《ふげん》」とは「普《あまね》く賢《かしこ》い」との意味《いみ》で、普賢菩薩《ふげんぼさつ》は、無量《むりょう》の智慧《ちえ》で、法華経を弘通《ぐつう》する者《もの》を守《まも》り、広宣流布を進《すす》める指導者《しどうしゃ》とも言《い》えます。

「御義口伝《おんぎくでん》」〈注3〉で「普賢菩薩《ふげんぼさつ》の威神《いじん》の力《ちから》」「普賢菩薩《ふげんぼさつ》の守護《しゅご》」（御書七八〇ページ）によってこそ、末法《まっぽう》に妙法は流布《るふ》していくと仰《おお》せの通《とお》りです。

法華経には、釈尊《しゃくそん》が妙法を説《と》いていることを知《し》った普賢菩薩《ふげんぼさつ》が、説法《せっぽう》の終《お》わりに東方《とうほう》の国土《こくど》から、妙《たえ》なる音楽《おんがく》を奏《かな》でながら、無数《むすう》の人々《ひとびと》を率《ひき》いて駆《か》けつけたとされています。

思《おも》えば学生部も、戸田先生の総仕上《そうしあ》げの時《とき》に結成《けっせい》された部です。いよいよ、「民衆《みんしゅう》の時代《じだい》」を開《ひら》く重大《じゅうだい》な使命《しめい》を託《たく》すために呼《よ》び出《いだ》された〝創価の普賢菩薩《ふげんぼさつ》〟といってよいでしょう。

広宣流布は励《はげ》ましの一歩《いっぽ》から

この「御義口伝《おんぎくでん》」は、牧口先生が線《せん》を引《ひ》かれ、深《ふか》く拝《はい》されていた一節《いっせつ》です。普賢菩薩勧発品《ふげんぼさつかんぼっぽん》の「勧発《かんぼつ》」と「普賢《ふげん》」について、日蓮大聖人は「勧《かん》」を化他《けた》行《ぎょう》に、「発《ぼつ》」を自行《じぎょう》に、「普《ふ》」を「不変真如《ふへんしんにょ》の理《り》」〈注4〉、「賢《げん》」を「随縁真如《ずいえんしんにょ》の智《ち》」〈注5〉に配《はい》されています。

「勧発《かんぼつ》」とは、自分自身《じぶんじしん》が信心を「発《おこ》し」、その歓喜《かんき》の生命《せいめい》で、他《た》の人に「勧《すす》める」ことです。まさに、生命《せいめい》と生命《せいめい》の触発《しょくはつ》です。

「普賢《ふげん》」とは、「普《あまね》く」理論《りろん》を究《きわ》め、「賢《かしこ》く」智慧《ちえ》を発揮《はっき》することです。人々に、安心《あんしん》と希望《きぼう》、確信《かくしん》と勇気《ゆうき》を送《おく》る智慧《ちえ》です。

さらに、大聖人は、普賢品《ふげんぼん》は、「本迹二門《ほんじゃくにもん》を恋法《れんぽう》している」と仰《おお》せです。本迹二門《ほんじゃくにもん》、すなわち法華経の極理《ごくり》である妙法を恋慕《れんぼ》してやまない、ということです。

私たちで言《い》えば、自分自身《じぶんじしん》がまず御本尊に真剣《しんけん》に、強盛《ごうじょう》に祈《いの》り抜《ぬ》くことです。そこから、歓喜《かんき》と充実《じゅうじつ》で躍動《やくどう》し、自身《じしん》の生命空間《せいめいくうかん》が必《かなら》ず広《ひろ》がります。また、「学会活動《かつどう》が楽《たの》しくてしょうがない」という喜《よろこ》びから、おのずと人にも勧《すす》めずにはいられなくなります。

歓喜踊躍《かんぎゆやく》の生命《せいめい》によってこそ、相手《あいて》自身《じしん》の仏性《ぶっしょう》を目覚《めざ》めさせ、涌現《ゆげん》させることができるのです。相手《あいて》のことを真剣《しんけん》に思《おも》う慈悲《じひ》の一念《いちねん》から、無量《むりょう》の智慧《ちえ》が湧《わ》いてくるのです。

そして、誠心誠意《せいしんせいい》の励《はげ》ましです。広宣流布は、身近《みぢか》な一人一人への励《はげ》ましの一歩《いっぽ》から開《ひら》かれていくのです。

学会と共《とも》に生き抜《ぬ》く勝利者《しょうりしゃ》に

説法《せっぽう》の場《ば》に遅《おく》れて駆《か》けつけた普賢菩薩《ふげんぼさつ》は、釈尊《しゃくそん》に「どうか、法華経を説《と》いてください。仏《ほとけ》の滅後《めつご》、どうすれば法華経を会得《えとく》できるのでしょうか」（法華経六六六ジペー、趣意）と嘆願《たんがん》します。

そこで釈尊《しゃくそん》は、「四法《しほう》を成就《じょうじゅ》すれば、仏《ほとけ》の滅後《めつご》に、法華経を会得《えとく》できる」（法華経六六六ジペー、趣意）と、四つの条件《じょうけん》を示《しめ》します。あらためて法華経実践《じっせん》の要諦《ようてい》が示《しめ》されることから、普賢品《ふげんぼん》を「再演法華《さいえんほっけ》（再《ふた》び法華《ほっけ》を演《の》べる）」ともいいます。

ここでは、このポイントを、私たちの立場《たちば》から確認《かくにん》します。
①「諸仏《しょぶつ》に護念《ごねん》せられ」――御本尊を受持《じゅじ》することによって、御本尊に守《まも》られること。
②「諸《もろもろ》の徳本《とくほん》を殖《う》え」――善根《ぜんこん》を積《つ》むことであり、御本尊への絶対《ぜったい》の信《しん》をもって、自行化他《じぎょうけた》にわたって題目を唱《とな》えること。
③「正定聚《しょうじょうじゅ》に入《い》り」――成仏《じょうぶつ》が定《さだ》まった人々の中に入ること。正しき和合《わごう》の組織《そしき》の中で不退転《ふたいてん》の信心を貫《つらぬ》く一員《いちいん》となること。
④「一切衆生《いっさいしゅじょう》を救《すく》わんとの心を発《おこ》す」――民衆救済《みんしゅうきゅうさい》の誓願《せいがん》を起《お》こすこと。
この四つの条件《じょうけん》とは、要《よう》するに、「御本尊受持《じゅじ》」「唱題」「和合僧《わごうそう》」「誓願《せいがん》」と

いうことです。全《すべ》て、学会と共《とも》に広宣流布の大願《だいがん》に生き抜《ぬ》くなかに具《そな》わっています。

自行化他《じぎょうけた》の題目を唱《とな》え、弘《ひろ》めゆく学会員は、一切《いっさい》の労苦《ろうく》を大福運《だいふくうん》へと変《か》え、必《かなら》ず仏《ほとけ》の境涯《きょうがい》を開《ひら》くことができます。どこまでも、大法弘通《だいほうぐつう》に不退転《ふたいてん》で進《すす》む人こそが、真《しん》の仏道修行《ぶつどうしゅぎょう》の勝利者《しょうりしゃ》になっていくのです。

創価学会は、この四つの条件《じょうけん》を実践《じっせん》したからこそ、仏法を世界に弘《ひろ》めることができたのです。

悪世《あくせ》に法華経の行者《ぎょうじゃ》を守護《しゅご》

法華経において、四法《しほう》（四つの条件《じょうけん》）を満《み》たせば、覚《さと》りを得《え》られると知《し》った普賢菩薩《ふげんぼさつ》は、釈尊《しゃくそん》に誓《ちか》います。

「悪世《あくせ》に法華経の行者《ぎょうじゃ》を守護《しゅご》します。その人の苦《くる》しみを取《と》り除《のぞ》き、安心《あんしん》させ、魔《ま》や悪鬼《あっき》が付《つ》け入《い》らないようにします」（法華経六六七ページ、趣意）

「法華経を守護《しゅご》して、仏《ほとけ》の滅後《めつご》に、一閻浮提《いちえんぶだい》の内《うち》に広く流布せしめ、断絶《だんぜつ》させません」（法華経六七三ページ、趣意）

妙法を実践《じっせん》する人を厳然《げんぜん》と守《まも》り抜《ぬ》き、一閻浮提《いちえんぶだい》（全世界）へ広宣流布しゆく誓願《せいがん》を披露《ひろう》しているのです。

普賢菩薩《ふげんぼさつ》は、徹底《てってい》して人間の中に飛《と》び込《こ》んでいきます。

「法華経の一句一偈《いっくいちげ》を忘《わす》れることがあれば、それを教《おし》えて、共《とも》に読誦《どくじゅ》します」（法華経六六八ページ、趣意）とも誓《ちか》うのです。

大聖人は、普賢品《ふげんぼん》の「此人不久当詣道場《しにんふくとうけいどうじょう》（此《こ》の人は久《ひさ》しからずして、当《まさ》に道場《どうじょう》に詣《いた》りて）」（法華経六七六ページ）の文《もん》について、「法華経を持《たも》ち奉《たてまつ》る処《ところ》を当詣道場《とうけいどうじょう》と云《い》うなり此《ここ》を去《さ》って彼《かしこ》に行《い》くには非《あら》ざるなり」（御書七八一ページ）と仰《おお》せです。真《しん》の現場主義《げんばしゅぎ》です。現実変革《げんじつへんかく》に勇《いさ》んで挑《いど》むことが、普賢《ふげん》の真髄《しんずい》です。観念論《かんねんろん》や抽象《ちゅうしょう》論《ろん》が入《はい》り込《こ》む余地《よち》がない。この強靱《きょうじん》な普賢《ふげん》の魂《たましい》を受《う》け継《つ》ぐのが学会精神《せいしん》です。

「当《まさ》に仏《ほとけ》を敬《うやま》うが如《ごと》くすべし」

そして、大聖人が、「最上第一《さいじょうだいいち》の相伝《そうでん》あり」（御書七八一ジペー）と言《い》われた普賢《ふげん》品《ぼん》の有名《ゆうめい》な経文《きょうもん》が、「当起遠迎当如敬仏《とうきおんごうとうにょきょうぶつ》（当《まさ》に起《た》って遠《とお》く迎《むか》うべきこと、当《まさ》に仏《ほとけ》を敬《うやま》うが如《ごと》くすべし）」の八文字《もじ》です。

法華経を受持《じゅじ》する者《もの》は、必《かなら》ず仏《ほとけ》になる人であるから、仏《ほとけ》の如《ごと》く敬《うやま》いなさいと教《おし》えられているのです。これは、「末法《まっぽう》の法華経の行者《ぎょうじゃ》こそが仏《ほとけ》である」との宣言《せんげん》で法華経二十八品が結《むす》ばれている、と拝《はい》することができます。

まさに、総本部の広宣流布大誓堂《だいせいどう》の柱《はしら》が八本であるのも、この御金言《ごきんげん》に基《もと》づき、尊《とうと》き同志《どうし》を仏《ほとけ》の如《ごと》く迎《むか》えたいとの思《おも》いからです。

健気《けなげ》に戦《たたか》う庶民《しょみん》を仏《ほとけ》の如《ごと》く敬《うやま》い、抱《だ》きかかえていく。徹頭徹尾《てっとうてつび》、この精神《せいしん》から離《はな》れない智勇《ちゆう》の後継者《こうけいしゃ》が、わが誉《ほま》れの学生部なのです。

広布に進《すす》む同志《どうし》は、さまざまな違《ちが》いがあっても、互《たが》いに尊敬《そんけい》し、団結《だんけつ》していくことが肝要《かんよう》です。どんな相手《あいて》にも仏性《ぶっしょう》を見いだす信念《しんねん》の英知《えいち》こそ、仏《ほとけ》の智慧《ちえ》だからです。

相手《あいて》の仏性《ぶっしょう》を確信《かくしん》できるからこそ、自他共《じたとも》の幸福《こうふく》を実現《じつげん》するために、あふれんばかりの慈悲《じひ》の智慧《ちえ》が湧《わ》いてくるのです。

正義《せいぎ》と人間尊敬《そんけい》の知性《ちせい》と輝《かがや》け

法華経に説《と》かれ、また大聖人が御断言《ごだんげん》のように、広宣流布は「普賢菩薩《ふげんぼさつ》の威《い》神《じん》の力《ちから》」で成《な》し遂《と》げられます。

「威神《いじん》の力《ちから》」とは、広宣流布への責任感《せきにんかん》、情熱《じょうねつ》から生まれる勇気《ゆうき》であり、誠《せい》実《じつ》と智慧《ちえ》です。その本源《ほんげん》は信心です。

戸田先生は、「偉大《いだい》なる感情《かんじょう》には、偉大《いだい》なる理性《りせい》が宿《やど》るものである」「国家人《こっかじん》類《るい》に対《たい》する感情《かんじょう》は、大《おお》きな理性《りせい》である。日蓮大聖人の御心《おこころ》は、最《もっと》も偉大《いだい》なる感《かん》情《じょう》であり、最《もっと》も偉大《いだい》なる理性《りせい》である」と言われていました。

「この世《よ》から〝悲惨《ひさん》〟の二字をなくしたい」――この先生の熱願《ねつがん》のままに、

学会は戦《たたか》い進《すす》んできました。その崇高《すうこう》な使命《しめい》を受《う》け継《つ》ぐ深《ふか》き決意《けつい》があればこそ、知性《ちせい》の才能《さいのう》を伸《の》ばし、慈愛《じあい》の指導者《しどうしゃ》へと育《そだ》ちゆけるのです。広宣流布を求《もと》めてやまない大情熱《だいじょうねつ》にこそ、人類《じんるい》の境涯《きょうがい》を高《たか》め、豊《ゆた》かにする普《ふ》遍《へん》の知性《ちせい》が現《あらわ》れるのです。

誓願《せいがん》を掲《かか》げ、民衆《みんしゅう》を苦《くる》しめる悪《あく》とは断固《だんこ》、戦《たたか》うからこそ、正義《せいぎ》の知性《ちせい》が光《ひか》るのです。眼前《がんぜん》の一人の仏性《ぶっしょう》を、絶対《ぜったい》に確信《かくしん》するからこそ、人間尊敬《そんけい》の知性《ちせい》となるのです。

この知性《ちせい》は、独善性《どくぜんせい》とは無縁《むえん》です。学生部は徹底《てってい》して御書を学び、人間主義《しゅぎ》の仏法を探究《たんきゅう》し抜《ぬ》くとともに、真摯《しんし》に学問《がくもん》に挑戦《ちょうせん》し、謙虚《けんきょ》に古今東西《ここんとうざい》の知《ち》の体《たい》系《けい》を吸収《きゅうしゅう》してほしい。心広々《ひろびろ》と、壮大《そうだい》にして深遠《しんえん》な仏法の大海《たいかい》と、一流《いちりゅう》の思《し》想《そう》・哲学《てつがく》の水脈《すいみゃく》を結《むす》び、どこまでも民衆《みんしゅう》を守《まも》り切《き》る普賢《ふげん》の力《ちから》の輝《かがや》きを放《はな》っていくことです。

それが世界宗教《しゅうきょう》です。皆《みな》の鍛錬《たんれん》と成長《せいちょう》が、「新《あたら》しき世紀《せいき》」を創《つく》るのです。

佐渡御勘気抄《さどごかんきしょう》

御文

（御書八九一ジ一行目〜二行目）

本《もと》より学文《がくもん》し候《そうらい》し事《こと》は仏教《ぶっきょう》をきはめて仏《ほとけ》になり恩《おん》ある人《ひと》をも・たすけんと思《おも》ふ、仏《ほとけ》になる道《みち》は必《かなら》ず身命《しんみょう》をすつるほどの事《こと》ありてこそ仏《ほとけ》にはなり候《そうろう》らめ

現代語訳

（私、日蓮が）もともと学問《がくもん》をしたのは、仏教《ぶっきょう》を究《きわ》めて仏《ほとけ》になり、恩《おん》ある人をも助《たす》けようと思《おも》った故《ゆえ》である。仏《ほとけ》になる道《みち》は、必《かなら》ず身命《しんみょう》を捨《す》てるほどの事《こと》があってこそ、仏《ほとけ》になれ

ると思《おも》われる。

恩《おん》ある人々《ひとびと》を助《たす》けるための仏法

師匠《ししょう》が佐渡流罪《さどるざい》〈注6〉という大難《だいなん》を受《う》けられたことで、愚《おろ》かな、また臆病《おくびょう》な弟子《でし》の中に「大聖人は真実《しんじつ》の法華経の行者《ぎょうじゃ》なのか」との疑《うたが》いが生《しょう》じていました。

「佐渡御勘気抄《さどごかんきしょう》」〈注7〉で大聖人は、そもそも仏法を究《きわ》めて仏《ほとけ》になろうと思《おも》ったのは、恩《おん》に報《むく》いるためであると仰《おお》せです。

大聖人は、自《みずか》らが仏《ほとけ》になる道《みち》を開《ひら》くことで、末法《まっぽう》の一切衆生《いっさいしゅじょう》の成仏《じょうぶつ》の道《みち》を開《ひら》こうとされたのです。それが、「恩《おん》ある人」への報恩《ほうおん》の道《みち》だからです。大難《だいなん》に遭《あ》われたのも、万人成仏《ばんにんじょうぶつ》の大道《だいどう》を開《ひら》き抜《ぬ》かれた帰結《きけつ》にほかならないのです。何《なに》一つ疑網《ぎもう》があるはずがありません。

広宣流布とは、人間生命《せいめい》を抑圧《よくあつ》し、支配《しはい》し、隷属《れいぞく》させようとする第六天《だいろくてん》の魔《ま》王《おう》〈注8〉との永遠《えいえん》の精神闘争《せいしんとうそう》です。だからこそ、「仏《ほとけ》になる道《みち》は、必《かなら》ず身命《しんみょう》を捨《す》てるほどの事《こと》があってこそ、仏《ほとけ》になれる」と仰《おお》せなのです。敢然《かんぜん》と苦難《くなん》に挑《いど》みゆく時《とき》、師子王《ししおう》の勇気《ゆうき》、無量《むりょう》の智慧《ちえ》、無辺《むへん》の慈悲《じひ》を発揮《はっき》していける。仏《ほとけ》の境《きょう》涯《がい》を開《ひら》くことができるのです。

どこまでも、同志《どうし》を励《はげ》まし、守《まも》りながら、先陣《せんじん》を切《き》って、広宣流布に邁進《まいしん》していく。「普賢《ふげん》」の使命《しめい》を果《は》たすためには、「大願《だいがん》に生きる覚悟《かくご》」が不可欠《ふかけつ》となります。

自分自身《じぶんじしん》の迷路《めいろ》に迷《まよ》うな

スペインの哲学者《てつがくしゃ》オルテガ〈注9〉は、「生《せい》」に迷《まよ》う時代《じだい》を痛烈《つうれつ》に批判《ひはん》しました。

「生きるとは、一方《いっぽう》では、各自《かくじ》が自分《じぶん》で自分《じぶん》のためになにかをすることである。他方《たほう》では、私の生《せい》、私だけに重要《じゅうよう》な生《せい》は、これをなにかに捧《ささ》げなければ、緊張《きんちょう》も《形《かたち》》もなくなって、がたがたになってしまうだろう。

近年《きんねん》は、身《み》を捧《ささ》げるべきものがないので、無数《むすう》の生《せい》が自分自身《じぶんじしん》の迷路《めいろ》に迷《まよ》いこんでいる、その大スペクタクルを目撃《もくげき》しているところである」

現代人《げんだいじん》も、オルテガの言《い》う「利己主義《りこしゅぎ》の迷路《めいろ》」に陥《おちい》りがちです。自分《じぶん》の殻《から》に閉《と》じこもり、かえって無力感《むりょくかん》にとらわれ、生命境涯《せいめいきょうがい》が小さくなる傾向《けいこう》も指摘《してき》されています。

そのなかで、私たちには広宣流布という、「身《み》を捧《ささ》げるべき」崇高《すうこう》な目標《もくひょう》があります。大願《だいがん》に生きる「生《せい》」の充足《じゅうそく》を味《あじ》わえる喜《よろこ》びと福徳《ふくとく》や誇《ほこ》りが、妙法の青年学徒《がくと》にはあるのです。

大聖人は逆境《ぎゃっきょう》にあって郷里《きょうり》の門下《もんか》に、「報恩《ほうおん》」即《そく》「大願《だいがん》」の人生を教《おし》えられています。

大聖人直結《ちょっけつ》のわが信頼《しんらい》する学生部は、生涯《しょうがい》、「民衆《みんしゅう》のために戦う」という生き方を貫《つらぬ》いてほしい。自身《じしん》の学識《がくしき》ゆえに慢心《まんしん》を起《お》こして誠実《せいじつ》な庶民《しょみん》を見下《みくだ》したり、怨嫉《おんしつ》や私欲《しよく》などで皆《みな》に迷惑《めいわく》をかけたりして、広布の組織《そしき》にいられなくなるような、惨《みじ》めな「才能《さいのう》ある畜生《ちくしょう》」にだけは、断《だん》じてなってはならない。恩《おん》を忘《わす》れた時《とき》、人間は道《みち》に迷《まよ》うのです。

報恩《ほうおん》という人間の正道《せいどう》に生き抜《ぬ》き、一人ももれなく、悔《く》いなき大満足《だいまんぞく》の人生を勝《か》ち飾《かざ》っていただきたいのです。

「平和《へいわ》の世紀《せいき》」創造《そうぞう》こそ三代の願《ねが》い

大科学者《だいかがくしゃ》アインシュタイン博士〈注10〉は、〝ヨーロッパで再《ふたた》び戦争《せんそう》が起《お》こるか〟との質問《しつもん》に、こう答《こた》えました。

「何《なに》もしなければ、戦争《せんそう》が起《お》こるだろう。それは『待《ま》つべき』問題《もんだい》ではなく『行動《こうどう》すべき』問題《もんだい》だ。世界平和《せかいへいわ》は、適切《てきせつ》な組織《そしき》と正しい理念《りねん》があれば可能《かのう》である」

二十一世紀《せいき》を「平和《へいわ》の世紀《せいき》」たらしめていく諸君《しょくん》たちの立正安国《りっしょうあんこく》の行動《こうどう》は更《さら》に重大《じゅうだい》だ。

私は、草創《そうそう》の学生部の友《とも》に呼《よ》びかけました。

「ひたすら民衆《みんしゅう》による、民衆《みんしゅう》のための、民衆《みんしゅう》の凱歌《がいか》の先駆《せんく》に、身《み》をゆだねることこそ、君《きみ》たちの誕生《たんじょう》の意義《いぎ》である」

智勇《ちゆう》の指導者《しどうしゃ》が、社会《しゃかい》のあらゆる分野《ぶんや》で、それぞれの使命《しめい》の舞台《ぶたい》で乱舞《らんぶ》する時《とき》、「民衆勝利《みんしゅうしょうり》の時代《じだい》」が豁然《かつぜん》と開《ひら》かれます。それこそが、創価三代の願《ねが》いなのです。

今《いま》、再《ふたた》び「広布に走《はし》れ」のスクラムを

一九七八年（昭和五十三年）の六月。創価の師弟《してい》の絆《きずな》を切《き》り裂《さ》こうとする障魔《しょうま》の烈風《れっぷう》が吹《ふ》き荒《あ》れる中、私は学生部歌「広布に走《はし》れ」を作《つく》りました。その折《おり》、「全員《ぜんいん》が人材《じんざい》である」「全員《ぜんいん》が使命《しめい》の学徒《がくと》である」、そして「学生部での活動《かつどう》は

世紀《せいき》の指導者《しどうしゃ》に育《そだ》つための修行《しゅぎょう》である」との指針《ししん》を示《しめ》しました。発表《はっぴょう》した会合《かいごう》で、凜々《りり》しき学生部の諸君《しょくん》がスクラムを組《く》み、幾度《いくど》も幾度《いくど》も歌《うた》い続《つづ》けた光景《こうけい》は、現在《げんざい》も目に焼《や》き付《つ》いて離《はな》れません。今再《いまふたた》び、師弟《してい》のバトンを託《たく》す思《おも》いで共々《ともども》に歌《うた》い上《あ》げたい。

〽今《いま》ほとばしる　大河《たいが》の中に
語《かた》り尽《つ》くさなん　銀波《ぎんぱ》をあびて
歴史《れきし》を創《つく》るは　この船《ふね》たしか
我《われ》と我《わ》が友《とも》よ　広布に走《はし》れ

世界中《せかいじゅう》に民衆厳護《みんしゅうげんご》の普賢《ふげん》の連帯《れんたい》を

どうか、皆《みな》で、友情《ゆうじょう》の輪《わ》を広《ひろ》げながら、民衆厳護《みんしゅうげんご》の普賢《ふげん》の責務《せきむ》を果《は》たし抜《ぬ》いていただきたい。壮大《そうだい》な一閻浮提《いちえんぶだい》広宣流布の一歩前進《いっぽぜんしん》へ、久遠《くおん》からの誓《ちか》いを胸《むね》に抱《いだ》き、世界中《せかいじゅう》に智勇《ちゆう》の連帯《れんたい》を築《きず》きあげてください。
創価の普賢《ふげん》に、未来《みらい》の一切《いっさい》を頼《たの》みます。

［注解］

〈注1〉『牧口常三郎全集 六 創価教育学体系《きょういくがくたいけい》（下）』（第三文明社）より。

〈注2〉【大阪事件《じけん》】一九五七年（昭和三十二年）七月、権力《けんりょく》の不当《ふとう》な弾圧《だんあつ》によって無実《むじつ》の池田先生が選挙違反《せんきょいはん》の嫌疑《けんぎ》で逮捕《たいほ》・起訴《きそ》された事件《じけん》。四年余《あま》りの裁判《さいばん》を経《へ》て、六二年一月二十五日、無罪判決《むざいはんけつ》となり、冤罪《えんざい》であったことが証明《しょうめい》された。その後、検察《けんさつ》の控訴《こうそ》はなく、判決《はんけつ》が確定《かくてい》した。

〈注3〉【御義口伝《おんぎくでん》】日蓮大聖人が、身延《みのぶ》で法華経の要文《ようもん》を講義《こうぎ》され、それを日興上人《にっこうしょうにん》が筆録《ひつろく》したと伝《つた》えられている。上下二巻《かん》からなる。

〈注4〉【不変真如《ふへんしんにょ》の理《り》】仏《ほとけ》が覚知《かくち》した永遠《えいえん》に変《か》わらぬ常住不変《じょうじゅうふへん》の真実《しんじつ》の法理《ほうり》・根本原理《こんぽんげんり》。

〈注5〉【随縁真如《ずいえんしんにょ》の智《ち》】永遠《えいえん》の法《ほう》をよりどころとしながら、刻々《こっこく》と変化《へんか》していく事象《じしょう》（縁《えん》）に随《したが》って、それに最《もっと》も適切《てきせつ》に対応《たいおう》していく真実《しんじつ》の自在《じざい》の智慧《ちえ》。

〈注6〉【佐渡流罪《さどるざい》】日蓮大聖人が文永《ぶんえい》八年（一二七一年）九月十二日の竜《たつ》の口《くち》の法難《ほうなん》の直後《ちょくご》、佐《さ》渡《ど》へ流刑《るけい》に処《しょ》せられた法難《ほうなん》。約《やく》二年五カ月に及《およ》ぶ佐渡滞在中《さどたいざいちゅう》は、衣食住《いしょくじゅう》も満足《まんぞく》ではなく、念仏者《ねんぶつしゃ》らにも命《いのち》を狙《ねら》われるという過酷《かこく》な環境《かんきょう》に置《お》かれたが、「開目抄《かいもくしょう》」「観心本尊抄《かんじんのほんぞんしょう》」など数多《かずおお》くの重要《じゅうよう》な御書を著《あらわ》され、各地《かくち》の門下《もんか》を励《はげ》まされた。

〈注7〉【佐渡御勘気抄《さどごかんきしょう》】文永《ぶんえい》八年（一二七一年）十月、佐渡流罪《さどるざい》が決定《けってい》した後《あと》、相模国《さがみのくに》（神奈川県）依智《えち》から、清澄寺《せいちょうじ》に関係《かんけい》する門下《もんか》に送《おく》られた御消息《ごしょうそく》。仏《ほとけ》になるためには必《かなら》ず身命《しんみょう》に及《およ》ぶほどの大難《だいなん》があることが述《の》べられている。

〈注8〉【第六天《だいろくてん》の魔王《まおう》】古代《こだい》インドの世界観《せかいかん》で欲界《よっかい》の最上《さいじょう》である第六《だいろく》の天《てん》に住《じゅう》し、仏道修行《ぶつどうしゅぎょう》を妨《さまた》げる魔王《まおう》。欲界《よっかい》の衆生《しゅじょう》を支配《しはい》し、自在《じざい》に操《あやつ》るので他化自在天《たけじざいてん》とも呼《よ》ばれる。

〈注9〉【オルテガ】一八八三年〜一九五五年。スペインの哲学者《てつがくしゃ》、文明評論家《ぶんめいひょうろんか》。実存主義的《じつぞんしゅぎてき》な人《じん》文主義者《ぶんしゅぎしゃ》で、著書《ちょしょ》『大衆《たいしゅう》の反逆《はんぎゃく》』はスペイン内戦《ないせん》を予告《よこく》するものとなった。引用は、『大衆《たいしゅう》の反逆《はんぎゃく》』（寺田和夫訳、中央公論新社）から。

〈注10〉【アインシュタイン】一八七九年〜一九五五年。ドイツ出身《しゅっしん》のアメリカの理論物理学者《りろんぶつりがくしゃ》。相対性理論《そうたいせいりろん》などを発表《はっぴょう》。ノーベル物理学賞受賞《ぶつりがくしょうじゅしょう》。後《のち》にナチスの迫害《はくがい》に抗議《こうぎ》し、アメリカに亡命《ぼうめい》。核兵器使用《かくへいきしよう》の反対運動《はんたいうんどう》を進《すす》めるなど、平和主義者《へいわしゅぎしゃ》としても活躍《かつやく》した。引用は、『アインシュタイン――天才《てんさい》が歩《あゆ》んだ愛《あい》すべき人生』（デニス・ブライアン著、鈴木主税訳、三田出版会）から。

地涌《じゆ》の青年――新《あら》たな開拓《かいたく》の旗手《きしゅ》よ　壁《かべ》を破《やぶ》れ！

「青年の強《つよ》みは燃《も》ゆるが如《ごと》き熱情《ねつじょう》にあり」

「青年は北風《きたかぜ》に向《む》かって堂々《どうどう》と進《すす》め」

「青年が青年の責任《せきにん》で、理想《りそう》の創価学会を建設《けんせつ》していけ！」

恩師《おんし》・戸田城聖《じょうせい》先生は、常《つね》に青年の成長《せいちょう》に期待《きたい》を寄《よ》せ、絶《た》えず青年を励《はげ》まし続《つづ》けられていました。

青年の育成《いくせい》こそ、輝《かがや》かしき未来《みらい》を建設《けんせつ》する無上《むじょう》の営《いとな》みであり、人類《じんるい》の希望《きぼう》を生み出す不朽《ふきゅう》の価値《かち》創造《そうぞう》の源《みなもと》だからです。

「青年の月」「師弟《してい》の月」七月

七月は、わが男女青年部が結成《けっせい》された「青年の月」です。

この七月は、日蓮大聖人が身命《しんみょう》を賭《と》して国主諫暁《こくしゅかんぎょう》をされた「立正安国《りっしょうあんこく》の月」であります（一二六〇年〈文応《ぶんおう》元年〉七月十六日）。

また、日蓮大聖人の不惜《ふしゃく》の大激闘《だいげきとう》に連《つら》なる創価学会にとって、先師《せんし》・牧口常《つね》三郎《さぶろう》先生と恩師《おんし》・戸田城聖《じょうせい》先生が、軍部政府《ぐんぶせいふ》の弾圧《だんあつ》で逮捕《たいほ》された月です（一九四三年〈昭和十八年〉七月六日）。さらに、恩師《おんし》と私が出入獄《しゅつにゅうごく》の歴史《れきし》を刻《きざ》んだ「師《し》弟《てい》の月」でもあります。

出獄《しゅつごく》と
　入獄《にゅうごく》の日に
　　師弟《してい》あり

一九四五年（昭和二十年）七月三日午後七時、戸田先生は二年間《ねんかん》に及《およ》ぶ投獄《とうごく》を勝《か》ち越《こ》えて出獄《しゅつごく》されました。その十二年後（五七年）の同じ日、同じ時刻《じこく》、私は、権力《けんりょく》の横暴《おうぼう》によって無実《むじつ》の罪《つみ》で逮捕《たいほ》されました。

この時、わがことのように苦《くる》しみ、一緒《いっしょ》に戦《たたか》い抜《ぬ》いてくれた関西《かんさい》の父母《ちちはは》たちの血涙《けつるい》は永遠《えいえん》に忘《わす》れません。

不二《ふに》の関西《かんさい》の友《とも》は、「負《ま》けたらあかん！」との不屈《ふくつ》の闘魂《とうこん》を燃《も》え上《あ》がらせて立ち上がったのです。

今日《こんにち》に至《いた》るまで、たゆまず「今《いま》、再《ふたた》び」の精神《せいしん》で私と共《とも》に戦《たたか》い、常勝《じょうしょう》の歴史《れきし》を築《きず》いてくれました。師弟不二《していふに》にして異体同心《いたいどうしん》の、恐《おそ》れなき前進《ぜんしん》と団結《だんけつ》は、全《ぜん》世界《せかい》の同志《どうし》が仰《あお》ぎ見《み》る広布の模範《もはん》です。

不滅《ふめつ》の「関西魂《かんさいだましい》」を青年が継承《けいしょう》

今《いま》や不滅《ふめつ》の「関西魂《かんさいだましい》」は、父母《ちちはは》から子どもたちへ、孫《まご》たちへと、世代《せだい》を超《こ》え、地域《ちいき》を超《こ》えて、無数《むすう》の青年に受《う》け継《つ》がれています。
ここでは、日蓮仏法の真髄《しんずい》であり、学会精神《せいしん》の根底《こんてい》ともいうべき、この「一人立つ」広宣流布の大精神《だいせいしん》と、「一人を大切《たいせつ》にする」慈愛《じあい》の実践《じっせん》を、新《あら》たな開《かい》拓《たく》の旗手《きしゅ》である、地涌《じゆ》の青年たちと一緒《いっしょ》に学んでいこう。

妙密上人御消息《みょうみつしょうにんごしょうそく》

御文

（御書一二四一ページ二行目〜五行目）

日本国《にほんこく》の中《なか》に但一人《ただいちにん》・南無妙法蓮華経と唱《とな》えたり、これは須弥山《しゅみせん》の始《はじめ》の一塵《いちじん》大海《たいかい》の始《はじめ》の一露《いちろ》なり、二人《ににん》・三人《さんにん》・十人《じゅうにん》・百人《ひゃくにん》・一国《いっこく》・二国《にこく》・六十六箇国《ろくじゅうろっかこく》・已《すで》に島二《しまふたつ》にも及《およ》びぬらん、今《いま》は謗《ぼう》ぜし人人《ひとびと》も唱《とな》へ給《たも》うらん、又上一人《またかみいちにん》より下万民《しもばんみん》に至《いた》るまで法華経《ほけきょう》の神力品《じんりきほん》の如《ごと》く一同《いちどう》に南無妙法蓮華経と唱《とな》へ給《たも》ふ事《こと》もやあらんずらん、木《き》はしづかならんと思《おも》へども風《かぜ》やまず・春《はる》を留《とどめ》んと思《おも》へども夏《なつ》となる

現代語訳

日蓮は、日本国の中でただ一人、南無妙法蓮華経と唱《とな》えた。これは須弥山《しゅみせん》となった始《はじ》めの一塵《いちじん》であり、大海《たいかい》となった始《はじ》めの一露《いちろ》である。二人、三人、十人、百人、一国、二国、六十六カ国まで広《ひろ》がり、すでに二島《とう》にまで及《およ》んでいるであろう。日蓮を謗《そし》っていた人たちも、今《いま》は、題目を唱《とな》えているだろう。また、日本国の上一人《かみいちにん》より下万民《しもばんみん》に至《いた》るまで、法華経の神力品第《じんりきほんだい》二十一で説《と》かれている通《とお》り、一同《いちどう》に南無妙法蓮華経と唱《とな》えることもある

だろう。

木は静《しず》かであろうと思《おも》っても、風《かぜ》はやまない。春《はる》を留《とど》めようと思《おも》っても、必《かなら》ず夏《なつ》となるのである。

「一人立つ精神《せいしん》」を示《しめ》した御金言《ごきんげん》

最初《さいしょ》に拝《はい》する御書は、大聖人御自身《ごじしん》のお姿《すがた》を通《とお》して「一人立つ精神《せいしん》」を示《しめ》してくださった「妙密上人御消息《みょうみつしょうにんごしょうそく》」〈注1〉の一節《いっせつ》です。

本抄《ほんしょう》では、末法《まっぽう》に入《はい》って一切衆生《いっさいしゅじょう》を救済《きゅうさい》する大良薬《だいりょうやく》たる「法華経の題目」が流布される時《とき》を迎《むか》え、その妙法弘通《ぐつう》の大闘争《だいとうそう》を、ただ大聖人お一人から始《はじ》めたことを明《あ》かされています。末法万年《まっぽうまんねん》の人類救済《じんるいきゅうさい》の大道《だいどう》は、ただお一人、御本仏《ごほんぶつ》自《みずか》らが立ち上がり開《ひら》かれたということです。

拝読《はいどく》の御文《ごもん》では、大聖人が唱《とな》えられた題目は、すでに一国《いっこく》に広《ひろ》がりつつあり、遂《つい》には日本中の万人《ばんにん》が一同《いちどう》に唱《とな》える時《とき》が来《く》るであろうとの大確信《だいかくしん》を示《しめ》されています。

広布の流《なが》れは「一人」から始《はじ》まる

「法《ほう》」そのものは、無始無終《むしむしゅう》の永遠《えいえん》の真理《しんり》です。しかし、「法《ほう》」を覚知《かくち》した一人が立ち上がって伝《つた》え広《ひろ》めなければ、万人《ばんにん》が「法《ほう》」の利益《りやく》に浴《よく》することは永久《えいきゅう》にあり得《え》ません。

思《おも》えば、仏教《ぶっきょう》の創始者《そうししゃ》である釈尊《しゃくそん》は、菩提樹《ぼだいじゅ》の下《した》で覚《さと》りを得《え》た後《あと》、この法《ほう》を説《と》くべきか否《いな》かと逡巡《しゅんじゅん》しました。あまりにも未聞《みもん》の法《ほう》だからです。しかし、遂《つい》に決断《けつだん》し、民衆《みんしゅう》のために一人立ち、法《ほう》を弘《ひろ》め始《はじ》めました。「一人立つ精神《せいしん》」は、仏教《ぶっきょう》の誕生《たんじょう》から変《か》わることのない、根幹《こんかん》であるといってよいでしょう。

大聖人も立宗《りっしゅう》の時《とき》、大難《だいなん》を覚悟《かくご》されて、一人立ち上がりました。「日本国の中《なか》に但《ただ》一人・南無妙法蓮華経と唱《とな》えたり」との通《とお》りです。

この御本仏の大誓願《だいせいがん》を受《う》けて、創価の三代《さんだい》の師弟《してい》は、化儀《けぎ》の広宣流布〈注2〉に立ち上がりました。そして今《いま》や、壮大《そうだい》な地球《ちきゅう》広布の時代《じだい》を迎《むか》えたのです。この方程式《ほうていしき》は永遠《えいえん》です。あらゆる広布の戦《たたか》いにおいても、「一人立つ実践《じっせん》」なくして前進《ぜんしん》は始《はじ》まりません。

たとえ、「一塵《いちじん》」「一露《いちろ》」のような小さな存在《そんざい》であっても、決然《けつぜん》と一人立ち、輝《かがや》きを放《はな》てば、それは、ただ埋《うず》もれたままの一塵《いちじん》、はかなきままの一露《いちろ》ではありません。「須弥山《しゅみせん》〈注3〉の始《はじめ》の一塵《いちじん》」となり「大海《たいかい》の始《はじめ》の一露《いちろ》」となるのです。一塵《いちじん》、一露《いちろ》が、須弥山《しゅみせん》、大海《たいかい》を荘厳《そうごん》するのです。これが「一念三千《いちねんさんぜん》」の原《げん》理《り》です。仏法が示《しめ》す変革《へんかく》のダイナミズムなのです。

大聖人の死身弘法《しんぐほう》の大闘争《だいとうそう》

続《つづ》けて「今《いま》は謗《ぼう》ぜし人人《ひとびと》も唱《とな》へ給《たも》うらん」と仰《おお》せです。かつて大聖人を誹謗《ひぼう》した人々も、正義《せいぎ》の訴《うった》えに目を開《ひら》くようになってきたではないか——。いかなる迫害《はくがい》にも屈《くっ》しない死身弘法《ししんぐほう》の不退《ふたい》の闘争《とうそう》、その偉大《いだい》な振《ふ》る舞《ま》いや現証《げんしょう》を通《とお》して、多《おお》くの人々《ひとびと》が大聖人の門下《もんか》となり、味方《みかた》へと変《か》わっていったのです。

さらに「上一人《かみいちにん》より下万民《しもばんみん》に至《いた》るまで」、あらゆる人々が題目を唱《とな》えるようになるだろうとの大確信《だいかくしん》を述《の》べられています。

全《すべ》ての人には本来《ほんらい》、仏性《ぶっしょう》〈注4〉が具《そな》わっています。ですから、どこまでも堂々《どうどう》と、そして誠実《せいじつ》に、この仏法の偉大《いだい》さ、学会の素晴《すば》らしさを語《かた》り抜《ぬ》いていけばよい。仮《かり》に無理解《むりかい》からの非難《ひなん》があっても、やがては、相手《あいて》の仏性《ぶっしょう》が発動《はつどう》していくのです。

自分《じぶん》が一人立つことが青年の本懐《ほんかい》

戸田先生は、こうも語《かた》られました。

「広宣流布は、一人の青年が命《いのち》を捨《す》てれば必《かなら》ずできる」

この言葉《ことば》通《どお》り、「一人の青年」として命《いのち》を賭《と》して、私は戦《たたか》い、広布拡大《かくだい》に先《せん》駆《く》しました。

「誰《だれ》か」ではなく「自分《じぶん》」が厳然《げんぜん》と立つ！　——ここに創価の青年の本懐《ほんかい》があります。大切《たいせつ》なことは真剣《しんけん》な「一人」になることです。

他《ほか》の人がどうかではなく、自分《じぶん》が勇気《ゆうき》を奮《ふる》い起《お》こして、「心の壁《かべ》」を破《やぶ》り、拡大《かくだい》の対話《たいわ》へ打《う》って出《で》ることです。今日《こんにち》の広宣流布の大発展《だいはってん》の基盤《きばん》は、そうした草創《そうそう》の同志《どうし》たちの必死《ひっし》の戦《たたか》いから、限界《げんかい》の壁《かべ》が破《やぶ》られ、築《きず》かれていったのです。強《つよ》き祈《いの》りを根本《こんぽん》に、友《とも》の幸福《こうふく》を願《ねが》って対話《たいわ》に挑《いど》むならば、そこから新《あら》たな広布拡大《かくだい》の突破口《とっぱこう》は必《かなら》ず開《ひら》かれます。

二十一世紀《せいき》の世界広布の大潮流《だいちょうりゅう》

大聖人は、「木《き》はしづかならんと思《おも》へども風《かぜ》やまず・春《はる》を留《とどめ》んと思《おも》へども夏《なつ》となる」と仰《おお》せです。自然界《しぜんかい》の季節《きせつ》の変化《へんか》を誰《だれ》も止《と》めることができないように、末法《まっぽう》における広宣流布の潮流《ちょうりゅう》が本格的《ほんかくてき》に始《はじ》まれば、その勢《いきお》いは誰《だれ》も止《と》められない。現実《げんじつ》に今《いま》、二十一世紀《せいき》の世界広布は、いかなる力《ちから》も押《お》し止《とど》めることができない、大潮流《だいちょうりゅう》となっています。

あとは、澎湃《ほうはい》と続《つづ》く青年たちが、「一人立つ信心」を継承《けいしょう》する限《かぎ》り、広宣流布の運動《うんどう》は永遠《えいえん》に連続《れんぞく》し発展《はってん》することは約束《やくそく》されているのです。これが「令法《りょうぼう》久住《くじゅう》」〈注5〉です。どこまでも「一人」で決《き》まるのです。

一面《いちめん》、現代《げんだい》の青年を取《と》り巻《ま》く環境《かんきょう》は厳《きび》しく、複雑《ふくざつ》です。困難《こんなん》な状況《じょうきょう》の中での奮戦《ふんせん》や、宿命《しゅくめい》の嵐《あらし》に必死《ひっし》に立《た》ち向《む》かう苦闘《くとう》があることも、よく知《し》っています。

ただ、いつの時代《じだい》も、青年とは変革者《へんかくしゃ》の異名《いみょう》です。いわんや、皆《みな》さんには偉《い》大《だい》な仏法がある。逆境《ぎゃっきょう》や苦悩《くのう》の波《なみ》に押《お》し流《なが》されるのではなく、たくましく打《う》ち返《かえ》す底力《そこぢから》が、妙法を持《たも》つ青年にはあります。その究極《きゅうきょく》の力《ちから》を発揮《はっき》するのが「一人立つ信心」なのです。

戸田先生は、励《はげ》まされました。

「青年ならば、その立場立場《たちばたちば》で、喜《よろこ》んで生きることだ。自分《じぶん》の使命《しめい》に生き切《き》ることが大切《たいせつ》だ。生活《せいかつ》に苦《くる》しいことがあっても、明朗《めいろう》であれ！　自分《じぶん》が託《たく》された使命《しめい》の舞台《ぶたい》で、日本一、世界一を目指《めざ》せ！」

御義口伝《おんぎくでん》

御文

（御書七二九ジペー九行目～十二行目）

今日蓮等《いまにちれんら》の類《たぐ》い南無妙法蓮華経と唱《とな》え奉《たてまつ》るは有差《うしゃ》を置《お》くなり廿八品《にじゅうはっぽん》は有差別《うしゃべつ》なり、妙法《みょうほう》の五字《ごじ》は無差別《むしゃべつ》なり、（中略）一《いち》雨《う》とは題目《だいもく》に余行《よぎょう》を交《まじ》えざるなり、序品《じょほん》の時《とき》は雨大法雨《うだいほうう》と説《と》

き此《こ》の品《ほん》の時《とき》は一雨所潤《いちうしょにん》と説《と》けり

現代語訳

今《いま》、日蓮及《およ》びその門下《もんか》が南無妙法蓮華経と唱《とな》え奉《たてまつ》ることは、有差別《うさべつ》を差《さ》し置《お》く、すなわち無差別《むさべつ》（一切を差別《さべつ》しない）なのである。二十八品は（衆生《しゅじょう》の機根《きこん》の違《ちが》いを残《のこ》して）有差別《うさべつ》であり、妙法の五字は無差別《むさべつ》である。（中略）

一雨《いちう》とは、題目以外《いがい》の余計《よけい》なものを少《すこ》しも混《ま》ぜないということである。序品第一《じょほんだい》には雨大法雨《うだいほうう》（＝「今《いま》、仏世尊《ぶつせそん》は大法《だいほう》を説《と》き、大法《だいほう》の雨《あめ》を雨《ふ》らし」）と説《と》き、この薬草喩品第五《やくそうゆほんだい》では（法雨《ほうう》を重《かさ》ねて仏《ほとけ》が）一雨所潤《いちうしょにん》と説《と》いている。

仏《ほとけ》の慈悲《じひ》を示《しめ》した「三草二木《さんそうにもく》の譬《たと》え」

「一人立つ信心」の重要性《じゅうようせい》と同《おな》じく、青年が継承《けいしょう》すべきは「一人を大切《たいせつ》に」という仏法の慈悲《じひ》の実践《じっせん》です。

ここで、いかなる人も尊極《そんごく》なる存在《そんざい》として大切《たいせつ》にしていく人間主義《しゅぎ》の哲理《てつり》が描《えが》かれた、法華経薬草喩品《やくそうゆほん》の「三草二木《さんそうにもく》の譬《たと》え」を学んでおきたい。障魔《しょうま》と戦《たたか》う民衆厳護《みんしゅうげんご》の丈夫《ますらお》として、また、誰人《たれびと》をも包《つつ》む平和《へいわ》の華陽《かよう》のリーダーとして、徹底《てってい》して「一人」を守《まも》り育《はぐく》む慈悲《じひ》の哲学《てつがく》をいよいよ体現《たいげん》してほしいからです。

「三草二木《さんそうにもく》の譬《たと》え」には、分《わ》け隔《へだ》てのない仏《ほとけ》の慈悲《じひ》が描《えが》かれています。

――三千大千世界《さんぜんだいせんせかい》（全宇宙《ぜんうちゅう》）にある山や川、渓谷《けいこく》、大地《だいち》には、多《おお》くの樹木《じゅもく》や草《くさ》が生《お》い茂《しげ》っています。これらの草木《そうもく》は、さまざまな種類《しゅるい》があり、名前《なまえ》も形《かたち》も異《こと》なっています。

このような多種多様《たしゅたよう》の草木《そうもく》は、大きく大・中・小の三種《しゅ》の薬草《やくそう》と、大・小の二種《しゅ》の樹木《じゅもく》に分類《ぶんるい》されることから「三草二木《さんそうにもく》の譬《たと》え」と呼《よ》ばれています。

これら「三草二木《さんそうにもく》」と呼《よ》ばれる一切《いっさい》の草木《そうもく》の上に、厚《あつ》い雲《くも》が空一面《そらいちめん》に広《ひろ》がって世界を覆《おお》い、雨となってあまねく降《ふ》り注《そそ》ぎます。その雨は、あらゆる草木《そうもく》を何《なん》の差別《さべつ》もなく、平等《びょうどう》に潤《うるお》します。これは、仏《ほとけ》が出現《しゅつげん》し、一切衆生《いっさいしゅじょう》に平等《びょうどう》に法《ほう》を説《と》くことを表《あらわ》しているとされています。

平等性《びょうどうせい》を根本《こんぽん》に多様《たよう》な個性《こせい》の開花《かいか》

雨は、草木《そうもく》に差異《さい》があるからといって、分《わ》け隔《へだ》てをすることはありません。しかし、雨を受《う》ける草木《そうもく》には、それぞれの特質《とくしつ》や性質《せいしつ》があり、それぞれに応《おう》じて成長《せいちょう》し、多彩《たさい》に異《こと》なった花を咲《さ》かせ、異《こと》なった実《み》を結《むす》びます。

仏《ほとけ》が法《ほう》を説《と》くことも、これと同《おな》じです。仏《ほとけ》の慈悲《じひ》そのものは、万人《ばんにん》に対《たい》して等《ひと》しく開《ひら》かれており、差別《さべつ》はありません。

薬草喩品《やくそうゆほん》には、仏《ほとけ》が一切《いっさい》を観《み》ることは平等《びょうどう》であり、彼此《ひし》の差別《さべつ》も、愛憎《あいぞう》の心もなく、貪著《とんじゃく》なく、一人のためにも、大勢《おおぜい》のためにも、分《わ》け隔《へだ》てなく法《ほう》を説《と》く、とあります（法華経二五〇㌻）。仏《ほとけ》が、一切《いっさい》の衆生《しゅじょう》を平等《びょうどう》に見《み》ることは、全《すべ》ての人を、自分《じぶん》と同《おな》じ仏《ほとけ》の境涯《きょうがい》へ高《たか》めようとするためです。そのために仏《ほとけ》は、あらゆる智慧《ちえ》を用《もち》いて、一人一人がそれぞれに境地《きょうち》を深《ふか》められるように法《ほう》を説《と》きます。

この譬《たと》えは、一人たりとも絶対《ぜったい》に排除《はいじょ》しない平等性《びょうどうせい》を根本《こんぽん》に、あらゆる人々の個性《こせい》を尊重《そんちょう》したものです。誰《だれ》にもかけがえのない「桜梅桃李《おうばいとうり》」〈注6〉の使《し》命《めい》があると示《しめ》すのが、仏法の透徹《とうてつ》した人間観なのです。

「一雨《いちう》」とは南無妙法蓮華経の題目

「御義口伝《おんぎくでん》」の一節《いっせつ》は、この薬草喩品《やくそうゆほん》の「一地所生《いちじしょしょう》、一雨所潤《いちうしょにん》」等《とう》を講義《こうぎ》されたものです。「一地所生《いちじしょしょう》（一地《いちじ》〈大地《だいち》〉の生《しょう》ずる所《ところ》）」とは、三草二木《さんそうにもく》という違《ちが》いはあっても、全《すべ》て同《おな》じ一つの母《はは》なる大地《だいち》から生《しょう》じたものだということです。

大地《だいち》は種《たね》を排除《はいじょ》しません。

また「一雨所潤《いちうしょにん》（一雨《いちう》の潤《うるお》す所《ところ》）」とは、仏《ほとけ》の教《おし》え（雨）が平等《びょうどう》に全《すべ》ての人の心を豊《ゆた》かに潤《うるお》すことです。雨はあまねく注《そそ》がれます。

そのうえで大聖人は、機根《きこん》の異《こと》なる万人《ばんにん》を蘇生《そせい》させ、希望《きぼう》を送《おく》る仏《ほとけ》の大願《だいがん》の根本《こんぽん》の法《ほう》を、南無妙法蓮華経の題目であると明《あ》かされました。題目こそが全《すべ》てを受容《じゅよう》し育《はぐく》む慈悲《じひ》、あらゆるものに活力《かつりょく》を与《あた》える智慧《ちえ》となるのです。

ですから、私たちにとって「一雨所潤《いちうしょにん》」とは、「一雨《いちう》」である題目を唱《とな》え、生命力《せいめいりょく》を湧《わ》き出《いだ》していくことです。

「一雨《いちう》」の「一」とは、ただ題目一筋《ひとすじ》で、余計《よけい》なものを少《すこ》しも混《ま》ぜないということです。

病気《びょうき》や経済苦《けいざいく》、家庭不和《かていふわ》などさまざまな悩《なや》み、苦《くる》しみがあっても、どこまでも御本尊根本《こんぽん》に強盛《ごうじょう》な信心を貫《つらぬ》いていく中で、自身《じしん》の仏《ほとけ》の境涯《きょうがい》を築《きず》き、仏《ほとけ》の力《ちから》を発揮《はっき》して勝利《しょうり》の人生を開《ひら》いていくことができるのです。

「誰《だれ》もが等《ひと》しく仏子《ぶっし》であり、宝塔《ほうとう》」

御本尊の前《まえ》では誰人《たれびと》も平等《びょうどう》です。

かつて、戸田先生は語《かた》られました。

「誰《だれ》もが等《ひと》しく仏子《ぶっし》であり、また宝塔《ほうとう》であるというのが、日蓮大聖人の大精《だいせい》神《しん》である。だからこそ、万人《ばんにん》を救《すく》い得《う》る真《しん》の世界宗教《せかいしゅうきょう》といえるのだ」

たとえ今《いま》は、学会活動《かつどう》から遠《とお》ざかっていたり、信心への確信《かくしん》を失《うしな》いかけたりしていても、必《かなら》ずや使命《しめい》を自覚《じかく》して立ち上がる時《とき》が来《き》ます。

私も「皆《みな》が人材《じんざい》」「皆《みな》を幸福《こうふく》に」との思《おも》いで、若《わか》き日から徹底《てってい》して励《はげ》まし抜《ぬ》いてきました。

「まだ励《はげ》ませる」と動《うご》きに動《うご》き

あの一九五六年（昭和三十一年）の「大阪の戦《たたか》い」にあって、私は御本尊に、

「大阪のいかなる人であれ、一人でも多《おお》く、このたびの戦列《せんれつ》に加《くわ》わって味方《みかた》となるように！」と祈《いの》り抜《ぬ》き、戦《たたか》い抜《ぬ》きました。

私自身《じしん》が、率先《そっせん》して、一人また一人と会《あ》いました。一軒《いっけん》また一軒《いっけん》と訪《たず》ねました。

関西本部《かんさいほんぶ》に来《こ》られた方々《かたがた》とも、寸暇《すんか》を惜《お》しんで対話《たいわ》を重《かさ》ねました。自転車《じてんしゃ》を走《はし》らせ、同志《どうし》と共《とも》に地域《ちいき》の隅々《すみずみ》まで回《まわ》りました。「まだ、時間《じかん》がある」「まだ、励《はげ》ませる」と動《うご》くうち、日《ひ》に二十数会場《すうかいじょう》、回《まわ》ったこともあります。

東奔西走《とうほんせいそう》の一日の終《お》わりに関西本部《かんさいほんぶ》に戻《もど》ると、真剣《しんけん》な祈《いの》りを捧《ささ》げるとともに、励《はげ》ました方々《かたがた》や気に掛《か》かる友《とも》へ葉書《はがき》や手紙《てがみ》を認《したた》める日々でした。こうして私が直接《ちょくせつ》、激励《げきれい》した人は、半年間《はんとしかん》で八千人にもなりました。

有《あ》り難《がた》いことに、「一人の青年」の必死《ひっし》の祈《いの》りと戦《たたか》いに、関西《かんさい》の共戦《きょうせん》の同志《どうし》は総立《そうだ》ちで応《こた》えてくれました。

五月の折伏成果《しゃくぶくせいか》で、大阪支部《しぶ》は「一万一千百十一世帯《せたい》」の不滅《ふめつ》の大金字塔《だいきんじとう》を打《う》ち立《た》て、さらには「〝まさか〟が実現《じつげん》」と語《かた》り継《つ》がれる、不可能《ふかのう》を可能《かのう》にした民衆勝利《みんしゅうしょうり》の歴史《れきし》が築《きず》かれたのです。

御本尊と師匠《ししょう》と同志《どうし》のため

この「大阪の戦《たたか》い」に臨《のぞ》む私自身《じしん》の心中《しんちゅう》を占《し》めていたのは——

「戸田先生のために戦《たたか》えばいい」

「同志《どうし》のために尽《つ》くせばいい」

「御本尊を信《しん》じて勝利《しょうり》すればいい」

という覚悟《かくご》の一念《いちねん》に尽《つ》きます。

私はどこまでも、誓願《せいがん》の信心で戦《たたか》い抜《ぬ》き、同志《どうし》を励《はげ》まし、真剣《しんけん》と誠実《せいじつ》で勝《か》ちました。この心を、わが愛《あい》する青年部に受《う》け継《つ》いでもらいたいのです。

識者《しきしゃ》の期待《きたい》「青年は今《いま》を生きる存在《そんざい》」

今《いま》、世界の各地《かくち》で、多《おお》くの創価の青年が力強《ちからづよ》く平和《へいわ》への大行進《だいこうしん》を開始《かいし》しています。識者《しきしゃ》たちも期待《きたい》の声《こえ》を寄《よ》せてくれています。

アメリカの未来学者《みらいがくしゃ》のヘンダーソン博士は、「私たちが共有《きょうゆう》するものは、一人立つ精神《せいしん》です」と言《い》われ、「勇気《ゆうき》ある一歩《いっぽ》を、まず踏《ふ》み出《だ》すことです。そして、一歩一歩《いっぽいっぽ》と前《まえ》に進《すす》み続《つづ》けることです。そこに、おのずと道《みち》は開《ひら》かれていくのです」とエールを送《おく》ってくださいました。

また、アルゼンチンの平和運動家《へいわうんどうか》のエスキベル博士〈注7〉は次《つぎ》のように語《かた》られています。

「青年は、今《いま》を生きる存在《そんざい》です。青年こそ『人類《じんるい》の共生《きょうせい》と人間の尊厳《そんげん》を確立《かくりつ》する、新《あたら》しい時代《じだい》の萌芽《ほうが》である』と確信《かくしん》しています」

エスキベル博士と私は、二〇一八年、「世界《せかい》の青年へ　レジリエンス〈困難《こんなん》を乗《の》り越《こ》える力《ちから》〉と希望《きぼう》の存在《そんざい》たれ！」とのタイトルで共同声明《きょうどうせいめい》を発表《はっぴょう》しました。

青年には、いかなる逆境《ぎゃっきょう》をも乗《の》り越《こ》える本源的《ほんげんてき》な力《ちから》があるのです。

人間主義《しゅぎ》の社会《しゃかい》を築《きず》く立正安国《りっしょうあんこく》を

新《あたら》しき時代《じだい》を創造《そうぞう》しゆく青年の連帯《れんたい》がある限《かぎ》り、絶対《ぜったい》に希望《きぼう》は失《うしな》われません。

さあ、新《あら》たな時代《じだい》が開幕《かいまく》した今《いま》こそ、平和《へいわ》への大潮流《だいちょうりゅう》を起《お》こし、人間主義《しゅぎ》の社会《しゃかい》を構築《こうちく》していく、千載一遇《せんざいいちぐう》のチャンスです。

世界中《せかいじゅう》の地涌《じゆ》の青年と共《とも》に、立正安国《りっしょうあんこく》の大闘争《だいとうそう》に邁進《まいしん》していこうではないか！

［注　解］

〈注1〉【妙密上人御消息《みょうみつしょうにんごしょうそく》】建治《けんじ》二年（一二七六年）閏《うるう》三月、日蓮大聖人が身延《みのぶ》で著《あらわ》され、妙密上《みょうみつしょう》人《にん》に送《おく》られたお手紙《てがみ》。妙密上人《みょうみつしょうにん》の詳細《しょうさい》は不明《ふめい》だが、「上人《しょうにん》」と呼《よ》ばれていることから、信心強盛《ごうじょう》な門下《もんか》であり、夫妻《ふさい》で折《おり》あるごとに大聖人に御供養《ごくよう》を届《とど》けた功労《こうろう》の門下《もんか》であることがうかがえる。

〈注2〉【化儀《けぎ》の広宣流布】日蓮大聖人が確立《かくりつ》された三大秘法《さんだいひほう》の南無妙法蓮華経を現実《げんじつ》に弘《ひろ》めていくこと。妙法を根幹《こんかん》に、人々の幸福《こうふく》と平和《へいわ》と安穏《あんのん》の社会《しゃかい》の確立《かくりつ》を目指《めざ》し、一人一人が地涌《じゆ》の菩薩《ぼさつ》としての使命《しめい》を果《は》たしゆくこと。

〈注3〉【須弥山《しゅみせん》】古代《こだい》インドの宇宙観《うちゅうかん》で、一つの世界《せかい》の中心《ちゅうしん》にあると考《かんが》えられている巨大《きょだい》な山。須弥山《しゅみせん》の麓《ふもと》の海《うみ》の東西南北《とうざいなんぼく》に四つの大陸《たいりく》があって、一つの世界《せかい》を構成《こうせい》する。

〈注4〉【仏性《ぶっしょう》】一切衆生《いっさいしゅじょう》に具《そな》わっている仏《ほとけ》の性分《しょうぶん》、本性《ほんしょう》。仏界《ぶっかい》のこと。

〈注5〉【令法久住《りょうぼうくじゅう》】「法《ほう》をして久《ひさ》しく住《じゅう》せしめん」と読《よ》む。法華経見宝塔品第《けんほうとうほんだい》十一の文（法華経三八七ページ）。未来永遠《みらいえいえん》にわたって妙法が伝《つた》えられていくようにすること。

〈注6〉【桜梅桃李《おうばいとうり》】サクラ、ウメ、モモ、スモモ。人々の多様《たよう》な生命《せいめい》そのもの。また、個々人《ここじん》の個性《こせい》や使命《しめい》を譬《たと》えたもの。妙法によって、一切《いっさい》の生命《せいめい》がありのままの姿形《すがたかたち》を改《あらた》めることなく、本来《ほんらい》ありのままの仏界《ぶっかい》の生命《せいめい》を開《ひら》き現《あらわ》していくことができる。

〈注7〉【エスキベル博士】一九三一年〜。アドルフォ・ペレス＝エスキベル。アルゼンチンの人《じん》権活動家《けんかつどうか》。ラテンアメリカの軍政下《ぐんせいか》における人権擁護《じんけんようご》と貧困層《ひんこんそう》の救済《きゅうさい》を目指《めざ》す中、一九七七年、逮捕《たいほ》され、十四カ月の獄中闘争《ごくちゅうとうそう》を続《つづ》けた。八〇年、ノーベル平和賞受賞《へいわしょうじゅしょう》。池田先生との対談《たいだん》に『人権《じんけん》の世紀《せいき》へのメッセージ』がある。

伝持《でんじ》の未来部──君《きみ》たちへ　一切《いっさい》を託《たく》さん！

後継《こうけい》の育成《いくせい》こそ、指導者《しどうしゃ》の第一要件《だいいちようけん》です。

一九七六年（昭和五十一年）八月に開催《かいさい》された本部幹部会で、私は妙法のリーダーとしての指針《ししん》を示《しめ》しました。

「後継《こうけい》の人を大切《たいせつ》に」
「年配者《ねんぱいしゃ》を大切《たいせつ》に」
「ふだんの言動《げんどう》を大切《たいせつ》に」
「ふだんの身《み》なりを大切《たいせつ》に」

「婦人、女子を大切《たいせつ》に」
「職場《しょくば》、社会《しゃかい》を大切《たいせつ》に」
この「六項目《こうもく》の心構《こころがま》え」のまず最初《さいしょ》に、「後継《こうけい》の人を大切《たいせつ》に」と掲《かか》げたのは、広宣流布・令法久住《りょうぼうくじゅう》〈注1〉の命脈《めいみゃく》は、後継《こうけい》の人材《じんざい》の輩出《はいしゅつ》にこそあると確《かく》信《しん》していたからです。

世界中《せかいじゅう》で未来部の友《とも》が活躍《かつやく》

第三代会長に就任《しゅうにん》して以来《いらい》、心中深《しんちゅうふか》く祈念《きねん》し続《つづ》けてきた一点は、この「後継《こうけい》の育成《いくせい》」についてでした。その一切《いっさい》の急所《きゅうしょ》こそ、未来部各部《かくぶ》の誕生《たんじょう》にほかなりませんでした。

六四年（同三十九年）六月七日、世界広布への歩《あゆ》みを進《すす》めるなかで〝未来部の第一陣《だいいちじん》〟として結成《けっせい》したのが、高等部です。

誕生《たんじょう》から半世紀《はんせいき》以上《いじょう》が過《す》ぎ、今や、日本全国《ぜんこく》はもとより、世界各地《かくち》でも、未来部の若《わか》き地涌《じゆ》の友《とも》が澎湃《ほうはい》と躍《おど》り出《で》る時代《じだい》になりました。

「学びに学んで、人生の土台《どだい》を」

高等部結成《けっせい》の日、東京各地《かくち》で行《おこな》われた集《つど》いのうち、私は江東区《こうとうく》の会館《かいかん》に駆《か》け付《つ》け、凛々《りり》しき瞳《ひとみ》の友《とも》に語《かた》り掛《か》けました。

「どうか、皆《みな》さんは、これからの十年間《ねんかん》、しっかり勉強《べんきょう》し、学びに学んで、堅固《けんご》な人生の土台《どだい》をつくっていってください」

「将来《しょうらい》は、人びとの幸福《こうふく》のために、人類《じんるい》の平和《へいわ》のために、諸君《しょくん》が学会の土台《どだい》となって、広宣流布を支《ささ》えていただきたい」

これは、今《いま》も変《か》わらぬ私の希望《きぼう》であり、祈《いの》りであります。

皆《みな》さんは学会の宝《たから》、人類社会《じんるいしゃかい》の希望《きぼう》

未来部の皆《みな》さん一人一人こそが、学会の宝《たから》です。人類社会《じんるいしゃかい》にとっても希望《きぼう》の存在《そんざい》です。

鍛《きた》えの夏《なつ》、学びの夏《なつ》、成長《せいちょう》の夏《なつ》――。次代《じだい》を担《にな》う従藍而青《じゅうらんにしょう》〈注2〉の未来部の皆《みな》さんと共《とも》に、また、その成長《せいちょう》を懸命《けんめい》に祈《いの》り、守《まも》り、支《ささ》えてくださっているご家族《かぞく》や担当者《たんとうしゃ》の皆《みな》さんと一緒《いっしょ》に、緑陰《りょくいん》で、ゆったりと語《かた》り合《あ》うように、〝伝持《でんじ》の人〟に対《たい》する日蓮大聖人の御精神《ごせいしん》を拝《はい》していきましょう。

経王御前御書《きょうおうごぜんごしょ》

御文

（御書一一二三ジ一行目～三行目）

法華経第八《ほけきょうだい》・妙荘厳王品《みょうしょうごんのうぼん》と申《もう》すには妙荘厳王《みょうしょうごんのう》・浄徳夫人《じょうとくふじん》と申《もう》す后《きさき》は浄蔵《じょうぞう》・浄眼《じょうげん》と申《もう》す太子《たいし》に導《みちび》かれ給《たも》うと説《と》かれて候《そうろう》、経王御前《きょうおうごぜん》を儲《もうけ》させ給《たま》いて候《そうら》へば現世《げんぜ》には跡《あと》をつぐべき孝子《こうし》な

り後生《ごしょう》には又導《またみちび》かれて仏《ほとけ》にならせ給《たも》うべし

現代語訳

法華経第《だい》八巻《かん》の妙荘厳王本事品《みょうしょうごんのうほんじほん》第《だい》二十七という章《しょう》のなかに、妙荘厳《みょうしょうごん》王《のう》と浄徳夫人《じょうとくふじん》という后《きさき》が、浄蔵《じょうぞう》・浄眼《じょうげん》という二人の王子《おうじ》によって仏法に導《みちび》かれたと説《と》かれています。

（あなた方夫妻《がたふさい》は）経王御前《きょうおうごぜん》を授《さず》かったのですから、現世《げんぜ》では跡《あと》を継《つ》いでいく親孝行《おやこうこう》な子どもであり、来世《らいせ》には、また、この子に導《みちび》かれて仏《ほとけ》に成《な》られることでしょう。

親子《おやこ》一体《いったい》の成仏《じょうぶつ》の物語《ものがたり》

「経王御前御書《きょうおうごぜんごしょ》」〈注3〉では、妙荘厳王品《みょうしょうごんのうぼん》に説《と》かれる親子一体《おやこいったい》の成仏《じょうぶつ》の物語《ものがたり》を通《とお》して門下《もんか》を激励《げきれい》されています。

ここで、浄蔵《じょうぞう》・浄眼《じょうげん》の説話《せつわ》を簡潔《かんけつ》に確認《かくにん》しましょう。

――はるか昔《むかし》に、妙荘厳王《みょうしょうごんのう》という王《おう》がいました。后《きさき》の名前《なまえ》は浄徳夫人《じょうとくふじん》、二人の王子《おうじ》が浄蔵《じょうぞう》と浄眼《じょうげん》です。

王子《おうじ》たち二人は、仏《ほとけ》が説《と》いた正法《しょうほう》を信仰《しんこう》し修行《しゅぎょう》に励《はげ》んでいましたが、一方《いっぽう》、父《ちち》の王《おう》は仏教《ぶっきょう》を求《もと》めない「邪見《じゃけん》の人」でした。

仏《ほとけ》は、仏法の最高《さいこう》の教《おし》えで一国《いっこく》の王《おう》と民衆《みんしゅう》を救《すく》おうとしました。その仏《ほとけ》の心を知《し》った浄蔵《じょうぞう》と浄眼《じょうげん》の二人は、最《もっと》も身近《みぢか》な親《おや》である王《おう》と后《きさき》に法華経を聴《き》かせようと決意《けつい》するのです。

それはまた、「師匠《ししょう》の心にお応《こた》えしよう」との決然《けつぜん》たる行動《こうどう》でもありました。

二人が母親《ははおや》の浄徳夫人《じょうとくふじん》に相談《そうだん》すると、母《はは》は「仏《ほとけ》の説法《せっぽう》を一緒《いっしょ》に聴《き》きにいくよう父親《ちちおや》に言《い》いなさい」と答《こた》えました。しかも、父《ちち》は最初《さいしょ》は聴《き》く耳を持《も》たないであろうから、「種々《しゅじゅ》の神変《じんぺん》」（神通変化《じんつうへんげ》）を現《あらわ》して理解《りかい》を得《え》るようにと、アドバイスしたのです。

浄蔵《じょうぞう》・浄眼《じょうげん》の二人は父《ちち》のもとを訪《おとず》れると、空中で自由自在《じゆうじざい》に歩《ある》いたり横《よこ》たわったり、体《からだ》から水や火を出したりと、不思議《ふしぎ》な現象《げんしょう》を見せました。

その姿《すがた》を見て、妙荘厳王《みょうしょうごんのう》は「大いに歓喜《かんき》」したと説《と》かれています。そして、二人の師匠《ししょう》である仏《ほとけ》に会《あ》いに行《い》こうと自《みずか》ら申《もう》し出《で》たのです――。

親《おや》を成仏《じょうぶつ》へ導《みちび》く子どもの存在《そんざい》

王子《おうじ》たちが現《あらわ》した「神変《じんぺん》」とは、私たちに置《お》き換《か》えれば自分自身《じぶんじしん》の「人間革命」の姿《すがた》を示《しめ》すことであるといえるでしょう。

すなわち「現証《げんしょう》」です。「実証《じっしょう》」の力《ちから》です。大聖人が「道理証文《どうりしょうもん》よりも現証《げんしょう》にはすぎず」（御書一四六八ジペー）と仰《おお》せの通《とお》りです。

「人々を救《すく》おう」との師匠《ししょう》の心に呼応《こおう》した王子《おうじ》たちが、自身《じしん》が仏道修行《ぶつどうしゅぎょう》で得《え》た、目《め》を見張《みは》るような現証《げんしょう》を通《とお》して、一家《いっか》も一国《いっこく》も成仏《じょうぶつ》の道《みち》へと導《みちび》いていったのです。

御文《ごもん》に戻《もど》れば、大聖人は門下《もんか》の後継《こうけい》の誕生《たんじょう》を、ことのほか喜《よろこ》んでくださっています。

そして、現世《げんぜ》には父母《ちちはは》の跡《あと》を継《つ》ぐ親孝行《おやこうこう》な子どもとなり、来世《らいせ》では、浄蔵《じょうぞう》・浄眼《じょうげん》が父《ちち》を救《すく》ったように、この子によって導《みちび》かれて成仏《じょうぶつ》するであろうと示《しめ》され、大激励《だいげきれい》してくださっているのです。

妙法で結《むす》ばれた家族《かぞく》の絆《きずな》

妙法で結《むす》ばれた絆《きずな》ほど、尊《とうと》く強《つよ》いものはありません。三世《さんぜ》の生命観《せいめいかん》からみる時、共《とも》に永遠《えいえん》の幸福《こうふく》の軌道《きどう》へと入っていける、素晴《すば》らしい縁《えにし》となるのです。

妙荘厳王一家《みょうしょうごんのういっか》は、過去世《かこせ》においての修行《しゅぎょう》の仲間《なかま》であった、と天台大師《てんだいだいし》は解《かい》釈《しゃく》しています〈注4〉。まさしく、妙法の宿縁《しゅくえん》で結《むす》ばれた眷属《けんぞく》（一族《いちぞく》、親族《しんぞく》）です。

仏法の眼《まなこ》は、親子《おやこ》の関係《かんけい》を固定的《こていてき》に捉《とら》えたりしません。信仰《しんこう》の上で、子どもの方《ほう》が先輩《せんぱい》として縁《えん》する場合《ばあい》もあるでしょう。子どもが成長《せいちょう》する姿《すがた》を通《とお》して親《おや》が発心《ほっしん》したり、信心を深《ふか》めたりしていくことは、実際《じっさい》によくあることです。

ともあれ、妙法の家族《かぞく》は、互《たが》いに成長家族《せいちょうかぞく》であり、地域《ちいき》や社会《しゃかい》に幸福《こうふく》の光《ひかり》を放《はな》つ創造家族《そうぞうかぞく》です。家族《かぞく》の一人一人が偉大《いだい》なる誓願《せいがん》を果《は》たしゆく尊貴《そんき》な存在《そんざい》です。一人ももれなく、人類《じんるい》を仏《ほとけ》の境涯《きょうがい》へと高《たか》めゆく崇高《すうこう》な広布への使命《しめい》を帯《お》びて、触発《しょくはつ》し合《あ》っていくのです。

学会の庭《にわ》で大きく育《そだ》ちゆけ

「後継《こうけい》」の重要性《じゅうようせい》について、大聖人は「顕仏未来記《けんぶつみらいき》」で「伝持《でんじ》の人無《ひとな》ければ猶《なお》木石《もくせき》の衣鉢《えはつ》を帯持《たいじ》せるが如《ごと》し」（御書五〇八ジペー）と仰《おお》せです。すなわち、仏法を持《たも》ち、伝《つた》えていく人がいなければ、木像《もくぞう》や石像《せきぞう》が法衣《ほうい》を着《き》て、鉢《はち》を持《も》っているようなもので、何《なん》の役《やく》にも立たないと示《しめ》されています。どんな組織《そしき》であれ、団体《だんたい》であれ、「伝持《でんじ》の人」、すなわち「後継者《こうけいしゃ》」がいなければ滅《ほろ》び去《さ》ってしまう。これが厳然《げんぜん》たる事実《じじつ》です。

木像《もくぞう》や石像《せきぞう》が法衣《ほうい》を着《き》ても宝《たから》の持《も》ち腐《ぐさ》れとなるという譬喩《ひゆ》は、仏教《ぶっきょう》の特質《とくしつ》を物語《ものがた》っています。たとえ仏教《ぶっきょう》の教《おし》えや彫像《ちょうぞう》が残《のこ》っても、そこに後継《こうけい》の人がいなければ、仏教《ぶっきょう》の精神《せいしん》が断絶《だんぜつ》したに等《ひと》しいということです。生きた現実《げんじつ》の人間の振《ふ》る舞《ま》いの継承《けいしょう》を通《とお》してしか、仏法は脈動《みゃくどう》していかないからです。

そう考《かんが》えれば、未来部員は、どれほど大切《たいせつ》な「伝持《でんじ》の人」たちか。

未来部の友《とも》を育《そだ》てることは、未来を創《つく》ることそのものです。未来からの使者《ししゃ》たちは、学会という究極《きゅうきょく》の人間主義《しゅぎ》の庭《にわ》で大きく豊《ゆた》かに育《そだ》てていきたい。正しき信心の後継者《こうけいしゃ》を守《まも》り育《はぐ》み、広宣流布を進《すす》めていくことこそ、立正安国《りっしょうあんこく》――正《せい》義《ぎ》が輝《かがや》く社会《しゃかい》を築《きず》き、世界平和《せかいへいわ》を実現《じつげん》していく直道《じきどう》になるからです。

「伝持《でんじ》」とは人間革命の後継者《こうけいしゃ》

ここで「伝持《でんじ》」の意味《いみ》を、さらに掘《ほ》り下《さ》げて考《かんが》えていきます。果《は》たして未来部員は後世《こうせい》に何《なに》を「持《たも》ち」、何《なに》を「伝《つた》えて」いくのか。視点《してん》を変《か》えれば、私たちは未来からの使者《ししゃ》たちに何《なに》を「持《たも》たせ」、何《なに》を「伝《つた》えて」いくべきか。

それは、一家《いっか》における「信心」であり、創価学会の正しき「信仰《しんこう》」です。すなわち、仏法に説《と》かれる「万人平等《ばんにんびょうどう》」「生命尊厳《せいめいそんげん》」の永遠不滅《えいえんふめつ》の法《ほう》であり、思想《しそう》であるともいえます。

「信心」を持《たも》ち、伝《つた》えるとは具体的《ぐたいてき》には、浄蔵《じょうぞう》・浄眼《じょうげん》が父親《ちちおや》に示《しめ》したように、一人一人が自身《じしん》の生命《せいめい》の無限《むげん》の可能性《かのうせい》を信《しん》じて「人間革命」の実践《じっせん》を貫《つらぬ》くことにほかなりません。

一人の人間革命は、家庭《かてい》を変《か》え、周囲《しゅうい》を変《か》え、その納得《なっとく》と共感《きょうかん》の広《ひろ》がりは、地域《ちいき》や社会《しゃかい》まで変《か》えていくのです。この人間革命の運動《うんどう》を世界《せかい》に拡大《かくだい》し、永続《えいぞく》化《か》することが広宣流布です。まさしく「伝持《でんじ》の人」とは、人間革命の後継者《こうけいしゃ》にほかならないのです。

私は小説《しょうせつ》『人間革命』の主題《しゅだい》を「一人の人間における偉大《いだい》な人間革命は、やがて一国《いっこく》の宿命《しゅくめい》の転換《てんかん》をも成《な》し遂《と》げ、さらに全人類《ぜんじんるい》の宿命《しゅくめい》の転換《てんかん》をも可能《かのう》にする」と掲《かか》げました。それは、壮大《そうだい》な世界《せかい》広宣流布の未来を展望《てんぼう》して、後継《こうけい》の友《とも》に託《たく》しゆく誓願《せいがん》でもありました。

小説《しょうせつ》『人間革命』の執筆《しっぴつ》を開始《かいし》したのは、高等部結成《けっせい》から半年後《はんとしご》の一九六四年（昭和三十九年）十二月であり、翌《よく》六五年（同四十年）一月、中等部結成《けっせい》の直《ちょく》前《ぜん》から聖教新聞での連載《れんさい》が始《はじ》まったのです。

「黎明《れいめい》に始《はじ》まって黎明《れいめい》に終《お》わる」

この一九六五年の八月、中・高等部が参加《さんか》した夏季《かき》講習会《こうしゅうかい》でのことです。あるメンバーから、「小説《しょうせつ》『人間革命』の結末《けつまつ》は、どうなるのですか」と質問《しつもん》されました。

私は小説《しょうせつ》の第《だい》一章《しょう》のタイトルを「黎明《れいめい》」としたことに触《ふ》れながら語《かた》りました。

「結局《けっきょく》、最後《さいご》は、また黎明《れいめい》に戻《もど》るんだよ。黎明《れいめい》に始《はじ》まって黎明《れいめい》に終《お》わるんだ。戸田先生は、あの戦時中《せんじちゅう》から学会の黎明《れいめい》を築《きず》いてこられた。戸田先生の後《あと》は、私を中心《ちゅうしん》としての黎明《れいめい》であり、その後《あと》は君《きみ》たち高等部員が、また新《あたら》しい黎《れい》明《めい》をつくっていくんだ」

この忘《わす》れ得《え》ぬ語《かた》らいから二十八年後《ねんご》、その時《とき》の心情《しんじょう》のまま、私は小説《しょうせつ》『人間革命』全《ぜん》十二巻《かん》を「新《しん》・黎明《れいめい》」の章《しょう》で完結《かんけつ》しました。

「黎明《れいめい》」という言葉《ことば》には、「夜明《よあ》け」や「明《あ》け方《がた》」、また「新《あたら》しい事柄《ことがら》が始《はじ》まろうとすること」という意義《いぎ》があります。
未来部世代《せだい》には、常《つね》に新《あら》たな「黎明《れいめい》」から出発《しゅっぱつ》する次代創造《じだいそうぞう》の使命《しめい》があるのです。

四条金吾殿御返事《しじょうきんごどのごへんじ》

御文

（御書一一六九ジペー八行目〜九行目）

日蓮《にちれん》は少《わかき》より今生《こんじょう》のいのりなし只仏《ただほとけ》にならんとをもふ計《ばか》りなり、されども殿《との》の御事《おんこと》をば・ひまなく法華経《ほけきょう》・釈迦仏《しゃかぶつ》・日《にっ》天《てん》に申《もう》すなり其《そ》の故《ゆえ》は法華経《ほけきょう》の命《いのち》を継《つ》ぐ人《ひと》なればと思《おも》うなり

現代語訳

日蓮は若《わか》い時《とき》から、自分自身《じぶんじしん》の今生《こんじょう》の栄《さか》えを祈《いの》ったことはない。ただ仏《ほとけ》になろうと思《おも》うばかりである。しかし、あなたのことは、いつも法華経・釈迦仏《しゃかぶつ》・日天子《にってんし》に祈《いの》っている。なぜなら、あなたが法華経の命《いのち》を継《つ》ぐ人だと思《おも》うからである。

「法華経の命《いのち》を継《つ》ぐ人」を守護《しゅご》

大聖人は、大切《たいせつ》な門下《もんか》のことを常《つね》に「法華経の命《いのち》を継《つ》ぐ人」と信《しん》じて祈《いの》り抜《ぬ》いていると仰《おお》せです。

この御書を頂《いただ》いた四条金吾《しじょうきんご》は、当時《とうじ》、人生最大《さいだい》の苦境《くきょう》に立たされていました〈注5〉。本抄《ほんしょう》は、その打開《だかい》への渾身《こんしん》の激励《げきれい》の一書《いっしょ》です。

「仏法《ぶっぽう》と申《もう》すは道理《どうり》なり道理《どうり》と申《もう》すは主《しゅ》に勝《か》つ物《もの》なり」（御書一一六九ジペー）と御《ご》断言《だんげん》されています。仏法は永遠《えいえん》の真理《しんり》を説《と》く最高《さいこう》の道理《どうり》であり、この道理《どうり》を貫《つらぬ》いていけば、あらゆる魔性《ましょう》にも最後《さいご》は必《かなら》ず勝利《しょうり》していくことが示《しめ》されていま す。まさに、「仏法は勝負《しょうぶ》」です。

この時《とき》の金吾《きんご》の苦境《くきょう》も、きっかけは主君《しゅくん》がデマにたぶらかされたゆえでした。したがって、金吾が誠実《せいじつ》に忍耐強《にんたいづよ》く主君《しゅくん》に仕《つか》えきっていけば、やがて誤解《ごかい》を晴《は》らし、信頼《しんらい》を勝《か》ち取《と》っていけるのだと教《おし》えられているのです。

弟子《でし》の勝利《しょうり》が師匠《ししょう》と仏法の勝利《しょうり》

拝読御文《はいどくごもん》の冒頭《ぼうとう》で大聖人は、御自身《ごじしん》の今生《こんじょう》のことではなくして、ただただ仏《ほとけ》になることを願《ねが》ってきたと仰《おお》せです。「自他共《じたとも》の成仏《じょうぶつ》」を実現《じつげん》するお心のまま、末法《まっぽう》の万人《ばんにん》の幸福《こうふく》のために妙法を説《と》き弘《ひろ》めるがゆえの、幾多《いくた》の大難《だいなん》との連《れん》続闘争《ぞくとうそう》の御生涯《ごしょうがい》でありました。

「法華経の命《いのち》を継《つ》ぐ人」とは、大聖人の仰《おお》せを心肝《しんかん》に染《そ》めて、師《し》と同《おな》じく妙法を根本《こんぽん》に苦難《くなん》と戦《たたか》う弟子《でし》たちにほかなりません。「法華経の命《いのち》」とは、言《い》い換《か》えれば、法華経の精髄《せいずい》である「万人成仏《ばんにんじょうぶつ》」の教《おし》えです。「命《いのち》を継《つ》ぐ人」とは、この哲理《てつり》を広《ひろ》める志《こころざし》に生きる人です。同《おな》じ大願《だいがん》に立つ弟子《でし》たちが、不二《ふに》の心で立ち上がってこそ、令法久住《りょうぼうくじゅう》となるのです。

ゆえに大聖人は、その弟子《でし》の勝利《しょうり》のために懸命《けんめい》に祈《いの》り続《つづ》けていると仰《おお》せです。弟子《でし》の勝利《しょうり》こそが師匠《ししょう》の勝利《しょうり》であり、仏法の勝利《しょうり》です。

「法華経の命《いのち》を継《つ》ぐ人」に対《たい》する御本仏の限《かぎ》りなき御慈愛《ごじあい》とともに、万感《ばんかん》の御期待《ごきたい》が拝察《はいさつ》されてなりません。

身近《みぢか》で応援《おうえん》し支《ささ》える担当者《たんとうしゃ》に感謝《かんしゃ》

このお心を拝《はい》し、戸田先生も、私も、〝何《なに》もいらない、ただただ人材《じんざい》がほしい〟という必死《ひっし》の一念《いちねん》で、人材《じんざい》をつくり、人材《じんざい》を育《はぐく》んできました。これが一切《いっさい》の基盤《きばん》です。未来を託《たく》す青年が根本《こんぽん》です。宝《たから》の未来部員を一人育《はぐく》むことが、どれだけ広宣流布を開《ひら》く力《ちから》となることでしょうか。

後継《こうけい》の未来部の友《とも》が成長《せいちょう》するためには、身近《みぢか》で応援《おうえん》し、祈《いの》り支《ささ》えてくれる善《ぜん》知識《ちしき》の方々《かたがた》が極《きわ》めて重要《じゅうよう》です。

この場《ば》をお借《か》りして、男女青年部の二十一世紀使命会《せいきしめいかい》の皆《みな》さん、壮年・婦人の未来本部長の方々《かたがた》、学生部の俊英《しゅんえい》、さらには教育本部《きょういくほんぶ》の先生方《せんせいがた》など、全《すべ》ての担当者《たんとうしゃ》に感謝《かんしゃ》と御礼《おんれい》を申《もう》し上《あ》げます。これからも、充実《じゅうじつ》した未来部育成《いくせい》、激励《げきれい》を何《なに》とぞ、よろしくお願《ねが》いいたします。

未来からの「宝《たから》の使者《ししゃ》」を大切《たいせつ》に

担当者《たんとうしゃ》からの激励《げきれい》という横糸《よこいと》とともに、親《おや》からの信心の継承《けいしょう》という縦糸《たていと》が大《だい》事《じ》であり、それこそが根幹《こんかん》です。

もとより、親子《おやこ》だからといっても、子どもが親《おや》の思《おも》い通《どお》りに育《そだ》つわけではないことは当然《とうぜん》です。

戸田先生の質問会《しつもんかい》の際《さい》にも、どのように子どもに信心を伝《つた》えるかという悩《なや》みの声《こえ》が多《おお》くあったことが思《おも》い出《だ》されます。

先生は、子どもが信心に反対《はんたい》している親《おや》に対《たい》しては、「真剣《しんけん》に、お子さんをかわいがっておあげなさい」と明快《めいかい》に答《こた》えられました。そして「何《なに》よりも大切《たいせつ》なのは、子どもを愛《あい》する情熱《じょうねつ》である」と、わかりやすく具体的《ぐたいてき》な第一歩《だいいっぽ》を示《しめ》されました。

御書には「父母《ぶも》の成仏《じょうぶつ》即《すなわ》ち子《こ》の成仏《じょうぶつ》なり、子《こ》の成仏《じょうぶつ》・即《すなわ》ち父母《ぶも》の成仏《じょうぶつ》なり」（八一三ジペー）と仰《おお》せです。

親子《おやこ》の成仏《じょうぶつ》は連関《れんかん》していきます。焦《あせ》ることはありません。蒔《ま》かれた仏種《ぶっしゅ》は必《かなら》ず芽《め》を出します。あとは、わが子を必《かなら》ず成仏《じょうぶつ》の道《みち》に導《みちび》いてみせると、祈《いの》りきっていけばよいのです。

また、大聖人は「師《し》は亦邪道《またじゃどう》を閉《と》じ正道《しょうどう》に趣《おもむ》かしむる等《とう》の恩是深《おんこれふか》し」（御書四三五ページ）と仰《おお》せです。仏法の道理《どうり》を正しく教《おし》えてくれる師匠《ししょう》の存在《そんざい》が、いかに重要《じゅうよう》か。思《おも》えば、浄蔵《じょうぞう》・浄眼《じょうげん》も、「人々を救《すく》おう」という師《し》の心に呼応《こおう》して、立ち上がりました。

対立《たいりつ》と分断《ぶんだん》の社会《しゃかい》を変革《へんかく》

戦後《せんご》の焼け野原《のはら》に一人立たれた恩師《おんし》が、立正安国《りっしょうあんこく》、広宣流布という人生の大《だい》目的《もくてき》を示《しめ》してくださったがゆえに、私たち青年は、妙法で自身《じしん》を人間革命し、自他共《じたとも》の幸福《こうふく》の実現《じつげん》へ、勇《いさ》んで邁進《まいしん》することができました。

戸田先生が、少年少女の会合《かいごう》で語《かた》られたことがあります。

「将来《しょうらい》、誰《だれ》もが幸《しあわ》せを噛《か》みしめることができて、国境《こっきょう》や民族《みんぞく》の壁《かべ》のない地球《ちきゅう》民族主義《みんぞくしゅぎ》の平和《へいわ》な世界《せかい》を築《きず》かねばならない。

みんなは、きょうのこのおじさんの話《はなし》を忘《わす》れないで、少《すこ》しでも、この夢《ゆめ》を実《じつ》現《げん》してほしい」

対立《たいりつ》と分断《ぶんだん》を超《こ》えて、全《すべ》ての人が幸福《こうふく》を味《あじ》わえる平和世界《へいわせかい》を築《きず》け――恩師《おんし》の夢《ゆめ》は私の夢《ゆめ》です。今《いま》の青年たち、未来部の皆《みな》さんに託《たく》された夢《ゆめ》でもあります。それを実現《じつげん》しゆく主人公《しゅじんこう》は、「生命尊厳《せいめいそんげん》」「万人平等《ばんにんびょうどう》」の妙法の旗《はた》を掲《かか》げた地涌《じゆ》の若人《わこうど》たち一人一人です。

だからこそ私たちは未来部の友《とも》に対《たい》し、いやまして誠実《せいじつ》に真剣《しんけん》に接《せっ》し、学会精神《せいしん》を伝《つた》え残《のこ》していきたい。未来っ子は、真実《しんじつ》と正義《せいぎ》を見抜《みぬ》く力《ちから》をもっています。かけがえのない「法華経の命《いのち》を継《つ》ぐ人」なのです。

創立《そうりつ》百周年《しゅうねん》から未来へ

二〇三〇年、学会創立《そうりつ》百周年《しゅうねん》の時《とき》には、今《いま》の未来部のメンバーが十代《だい》後半から二十代《だい》の青年として躍動《やくどう》する時《とき》を迎《むか》えます。

皆《みな》、「勝利《しょうり》の旗《はた》の走者《そうしゃ》」として、二十一世紀《せいき》の前半《ぜんはん》を走《はし》り抜《ぬ》く主役《しゅやく》であり、さらには、二十二世紀《せいき》に向《む》かって活躍《かつやく》する人材《じんざい》を育《そだ》て、バトンを渡《わた》す重要《じゅうよう》な使《し》命《めい》を持《も》つ世代《せだい》です。いうならば、創価三代の師弟《してい》の精神《せいしん》を万代《ばんだい》まで受《う》け継《つ》いでくれる、不思議《ふしぎ》な宿縁《しゅくえん》の勇者《ゆうしゃ》です。

全世界《ぜんせかい》の友《とも》が祈《いの》り見守《みまも》っている！

法華経で、釈迦《しゃか》・多宝《たほう》の二仏《にぶつ》とともに、三世十方《さんぜじっぽう》の諸仏《しょぶつ》が集《あつ》まったのは何《なん》のためであったのでしょうか。ただただ、末法《まっぽう》の令法久住《りょうぼうくじゅう》のためであり、すなわち、一切《いっさい》の仏子《ぶっし》の成仏《じょうぶつ》のためです〈注6〉。末法万年《まっぽうまんねん》の民衆《みんしゅう》の幸福《こうふく》が諸仏《しょぶつ》の願《ねが》いであり、今《いま》、現実《げんじつ》に世界広宣流布を進《すす》めているのが、私たち創価学会です。

創立《そうりつ》百周年《しゅうねん》から二十二世紀《せいき》へ――社会《しゃかい》の安穏《あんのん》と繁栄《はんえい》のため、世界の平和《へいわ》と共生《きょうせい》のため、今《いま》の未来部の世代《せだい》が縦横無尽《じゅうおうむじん》に乱舞《らんぶ》することを、全世界の友《とも》が祈《いの》り、待望《たいぼう》しています。「正義《せいぎ》の走者《そうしゃ》」の躍《おど》り出《で》る晴《は》れ舞台《ぶたい》は限《かぎ》りなく広《ひろ》がり、いよいよ人類史《じんるいし》の新《あら》たな「希望《きぼう》の黎明《れいめい》」が始《はじ》まっているのです。

［注　解］

〈注1〉【令法久住《りょうぼうくじゅう》】「法《ほう》をして久《ひさ》しく住《じゅう》せしむ」と読《よ》む。法華経見宝塔品第十一《けんほうとうほんだい》の文。未来永遠《みらいえいえん》にわたって妙法が伝《つた》えられていくようにすること。

〈注2〉【従藍而青《じゅうらんにしょう》】「青《あお》は藍《あい》より出《い》でて、而《しか》も藍《あい》より青《あお》し」。色《いろ》を重《かさ》ねることで、もとの藍《あい》より濃《こ》くなることから、学問《がくもん》を探究《たんきゅう》することで深《ふか》くなることを譬《たと》えた。もとは荀子《じゅんし》に由来《ゆらい》する。天台《てんだい》の『摩訶止観《まかしかん》』巻《まき》一にも引用《いんよう》される。日蓮大聖人は、信心の修行《しゅぎょう》を重《かさ》ねていく譬《たと》えとともに、後継者《こうけいしゃ》の成長《せいちょう》の意味《いみ》に用《もち》いられている。

〈注3〉【経王御前御書《きょうおうごぜんごしょ》】文永《ぶんえい》九年（一二七二年）、流罪地《るざいち》の佐渡《さど》から門下《もんか》に送《おく》られたお手紙《てがみ》。いかに乱《みだ》れた世《よ》の中《なか》であっても、法華経・御本尊を信《しん》ずる人こそ成仏《じょうぶつ》できることを明《あ》かされている。

〈注4〉父王《ふおう》の妙荘厳王《みょうしょうごんのう》とその妻《つま》・浄徳夫人《じょうとくふじん》と浄蔵《じょうぞう》・浄眼《じょうげん》の四人の過去世《かこせ》の経緯《けいい》について、天台《てんだい》大師《だいし》は『法華文句《ほっけもんぐ》』に次《つぎ》のように解釈《かいしゃく》している。すなわち、「昔《むかし》、ある仏《ほとけ》の時代《じだい》に仏道《ぶつどう》を求《もと》める四人の修行者《しゅぎょうしゃ》が、時間《じかん》を生《う》み出《だ》すため、一人が皆《みな》の生活《せいかつ》を支《ささ》え、他の三人が修行《しゅぎょう》に専《せん》念《ねん》した。その結果《けっか》、三人は仏道《ぶつどう》を得《え》たが、残《のこ》りの一人は得《え》られなかった。しかし、陰《かげ》の力《ちから》の功徳《くどく》で常《つね》に国王《こくおう》に生まれた。他の三人は協議《きょうぎ》してその家族《かぞく》に生まれ、王を仏道《ぶつどう》に導《みちび》いて過去世《かこせ》の恩《おん》を返《かえ》した」（趣意）と説《と》かれている。

〈注5〉「四条金吾殿御返事《しじょうきんごどのごへんじ》」を頂《いただ》いた建治《けんじ》三年（一二七七年）当時《とうじ》、四条金吾《しじょうきんご》は、同年《どうねん》六月の桑《くわ》ケ谷問答《がやつもんどう》の余波《よは》で、主君《しゅくん》・江間《えま》氏《し》から厳《きび》しい処断《しょだん》を受《う》けていた。桑ケ谷問答《くわがやつもんどう》では、日蓮大聖人の弟子《でし》・三位房《さんみぼう》が、極楽寺良観《ごくらくじりょうかん》を後《うし》ろ盾《だて》とする竜象房《りゅうぞうぼう》を徹底的《てっていてき》に破折《はしゃく》した。しかし、同席《どうせき》しただけで一言《ひとこと》も発《はっ》していない四条金吾《しじょうきんご》に対《たい》して、後日《ごじつ》、〝金吾《きんご》が徒党《ととう》を組《く》み、武器《ぶき》を持《も》って法座《ほうざ》に乱入《らんにゅう》した〟とのデマが作《つく》られる。江間《えま》氏《し》は、この讒言《ざんげん》（事実無根《じじつむこん》の訴《うった》え）を信《しん》じ、金吾《きんご》に対《たい》して「法華経の信仰《しんこう》を捨《す》てる起請文《きしょうもん》（誓約書《せいやくしょ》）を書《か》け。さもなければ所領《しょりょう》を没収《ぼっしゅう》する」と命《めい》じた。

〈注6〉例《たと》えば、「開目抄《かいもくしょう》」に「夫《そ》れ法華経《ほけきょう》の宝塔品《ほうとうほん》を拝見《はいけん》するに釈迦《しゃか》・多宝《たほう》・十方分身《じっぽうふんじん》の諸仏《しょぶつ》の来集《らいじゅう》はなに心《こころ》ぞ『令法久住《りょうぼうくじゅう》・故来至此《こらいしし》』等云云《とううんぬん》」（御書二三六㌻）と仰《おお》せである。

池田大作（いけだ・だいさく）

1928年（昭和3年）、東京生まれ。創価学会名誉会長。創価学会インタナショナル（SGI）会長。創価大学、アメリカ創価大学、創価学園、民主音楽協会、東京富士美術館、東洋哲学研究所、戸田記念国際平和研究所などを創立。世界各国の識者と対話を重ね、平和、文化、教育運動を推進。国連平和賞のほか、モスクワ大学、グラスゴー大学、デンバー大学、北京大学など、世界の大学・学術機関の名誉博士、名誉教授、さらに桂冠詩人・世界民衆詩人の称号、世界桂冠詩人賞、世界平和詩人賞など多数受賞。

著書は『人間革命』（全12巻）、『新・人間革命』（全30巻）など小説のほか、対談集も『二十一世紀への対話』（A・J・トインビー）、『二十世紀の精神の教訓』（M・ゴルバチョフ）、『平和の哲学　寛容の智慧』（A・ワヒド）、『地球対談　輝く女性の世紀へ』（H・ヘンダーソン）など多数。

わが「共戦の友」各部の皆さんに贈る

発行日　二〇二一年五月三日

著者　池田大作

発行者　松岡資

発行所　聖教新聞社

〒一六〇―八〇七〇　東京都新宿区信濃町七

電話　〇三―三三五三―六一一一（代表）

印刷・製本　図書印刷株式会社

定価は表紙に表示してあります

ISBN978-4-412-01677-4